ET LIV AV ÅPENBARING

Tom Arild Fjeld

Et liv i herlighet – kjærlighet – en strøm – i den 4de dimensjonen

Forord

Tom Arild Fjeld

Denne boken, er også en bok av mange jeg har skrevet, som er en del av mitt åndelige testamente. De aller fleste av mine åpenbaringer i skriften, har kommet til meg på mine reiser med evangeliet verden over. Der ut ved utøvelsen av Guds levende ord og løfter, har klarheten/åpenbaringen kommet sterkt på de områdene jeg har utøvet. Slik vil det også bli med deg når du begynner bevege deg ut i lydighet på Herrens ord.

 En stor del av denne boken har jeg skrevet ut fra materiale jeg har skrevet for omkring tretti år siden. Dette var i utgangspunktet Bibel undervisning jeg lagde ut ifra mine personlige erfaringer.

Når man har reist verden rundt og skaffet seg erfaringer som jeg har gjort igjennom mer en fire tiår, så blir det mye en kan presentere.

Det er igjennom å søke Herren nærmer og nærmere og lære hans" troens veier" å gå at man kommer nærmere. Det er de samme troens prinsipper som er i bruk i den fysisk verden, som også er i bruk ut i den åndelige verden. Alt Gud noensinne har gjort og kommer til å gjøre er ut ifra de samme troens prinsipper. Det være fra før universene ble skapt og ut i evighetenes evigheter (Kosmos).

Jeg spurte min kjære personlige nære venn Pastor Dr. Morris Cerullo om hvilket navn jeg skulle gi denne boken. Jeg hadde to alternativer, men han kom med et tredje, så da ble tittelen hans alternativ. «Et liv av åpenbaring»
La denne boken også være en oppslagsbok og en studiebok for å veilede deg inn i et rikere liv i tjeneste for Jesus.

Jeg kommer i denne boken inn på det å motta åpenbaringer og det å leve i åpenbaring fra forskjellige sider. Denne boken handler ikke om å motta og bringe videre profetiske budskap.
Dette er en bok om hvordan" boken" Bibelen, kan bli det den er ment for deg å være. Den er ment for deg å være levende.
Levende, skapende og forståelig i den fysiske og i den åndelige verden.

" Jesus sa det: De ord jeg har talt til dere, er ånd og er liv." (Joh. 6, 63)

" Den som hører mine ord og tror ham som har
sendt meg, han har evig liv og kommer ikke til
dom, men er gått over fra døden til livet."
(Joh. 4, 24)

Åpenbaringen av det skrevne Guds ord, er vårt
evige liv. Det er det levende ordet for deg. Dette
kan kun mottas igjennom åpenbaring fra Gud
direkte til deg personlig.
Alt Gud åpenbarer for deg er det du tror og in-
genting annet. Alt annet er dine forsøk på å tro
Guds ord, eventuelt en forestilling av å tro ordet.
Guds ord har sin virkelighet for deg kun igjen-
nom troens åpenbaring av Bibelens skrevne ord.
Lykke til i studiet i dette revolusjonerende bud-
skapet fra Gud Jave, den selveksisterende som
åpenbarer seg og er evighetens evighet.

Et liv av åpenbaring
Åpenbaring er det eneste som gir liv.

Forfatter
Tom Arild Fjeld

Forord

Pastor Dr. Morris Cerullo

Det er med stor ydmykhet og jeg anser det som en stor ære, i å skrive dette forordet. Pastor Tom er kvintessensen leder; en mann etter Guds hjerte, en mann med en stor kall, en mann full av Guds ord og kraft, en stor forbeder og en trofast soldat for Kristus. Hans bøker ble født ut av en guddommelig inspirert ånd dypt forankret i de hellige skrifter, Bibelen, Guds ord. En del av djevelens strategi, er at han vil få oss til å leve et blodfattig liv i nederlag, ved daglig å forsømme studie av Guds Ord. Det er derfor Gud har lagt i Pastor Tom disse store ord, for å hjelpe Hans barn til mer kunnskap om Ham og hans rike. Kraften kommer fra hva du vet og hvordan du kan bruke det du vet, for å lede deg inn i åpen-baring, veiledning og inspirasjon av Den Hellige Ånd. Følg Pastor Tom idet han tar deg med på åndelige trenings økter, på det åndelige trenings studioet. Du vil bli oppmuntret til å tro Gud for det umulige. Disse bøkene er et" must" for en-hver troende som har et uoverstigelig ønske om å flytte og bo på neste nivå. Du kommer til å få deg en oppvekker, til å dykke dypere inn i det som er av Gud.

Om boken
Det er kjempebra broder Tom, jeg er så glad for at Gud gir deg åpenbaring på og til å skrive på essensen av det vi behøver, for å stå fram med det levende Guds Ord.
Forbli for alltid velsignet i Jesu navn.

Dr. Morris Cerullo

Åpenbaringen & troens deklarasjon

Åpenbaringskunnskap
Det du ser - Det har du
Det du har - Er du fri i
Det du er fri i - Er det du kan gi
Det du kan gi er ditt - Det har du autoritet over,
Og kan tas imot av alle

Det som er ditt - Kan du gi til hvem du vil
Det du kan gi til hvem du vil - Kan tas imot av
de som vil ha det

Alle som vil ha det - ser det
De som ser det, Tror det

" Tro er full vishet om det som håpes, overbe-
visning om ting som ikke ses." (Heb. 11, 1)

P.S.
Du må tilegne deg det selv.
Det du har fått av Herren,
Det må bli ditt.

Innhold

Gi liv & tal åpenbaring

" Jesus sa: Jeg er veien sannheten og
livet." (John. 14, 6)

Jesus er veien inn i åpenbaringen av Guds ful-
lkomne vilje åpenbart i sansekunnskapens ver-
den. Dette er det fullt mulig for deg å komme inn
i, hvis du vil satse på å komme dit.

Jesus sa:" Djevelen kommer bare for å stjele
myrde, myrde og ødelegge, jeg er kommet for å
de skal ha **liv og ha overflod**." (John. 10, 10)

Bibelen sier videre:" Vi vet at vi er gått over fra
døden til **livet**, fordi vi elsker brødrene, den som
ikke elsker blir i døden.

På det kjenner vi kjærligheten, at han satte sitt
liv til for oss, også vi er skyldige å sette livet til
for brødrene." (1 John. 3, 14 og 16)

" livs prosessen"

Denne" livs prosessen" vi må gjennomgå er
verdt det. Du kan bli den" Jesus personen" Bibe-
len taler om at du kan bli. Vi kan bli mennesker
som gir" liv", gir en virkelig praktisk åpenbaring
i den fysiske verden, av det livet som er i Guds
Åndelige verden.
Vi kan alle bli" Jesus personer" – mennesker
som gir" liv" – gir åpenbaring av det virkelige
livet – det livet er kun å finne i Jesus Kristus
Guds levende sønn.

**Bli et menneske som taler og lever ut åpen-
baring av Guds fullkomne vilje, som praktisk
levende gjøres i den fysiske verden.**

Jeg tar et eksempel fra Peters liv, det er når han
kommer til den fagre tempeldør. Vi hører Peter
sier:

" Sølv og gull eier jeg ikke, emn det jeg har, gir
jeg deg, I Jesu Kristi navn stå opp og gå.

Peter tok mannen ved den høyre hånd og reiste
ham opp, Og straks fikk hans føtter og ankler

styrke, og han sprang opp og sto og gikk omkring, og mannen gikk." (Apg. 3, 6-8)

Det jeg har

Vil leser, Peter sa: **Det jeg har.**

Peter hadde ikke det Nye Testamentet, men han var en demonstrasjon av det. Peter la frem den fysiske åpenbaringen av det skrevne Guds Ords løfte som sier:

" Ved hans, Jesu sår, har vi fått legedom."
(Jes. 53, 5)

Vi husker Jesus sa til disiplene før" pinsefestens dag":

" Jesus sa: Men dere skal få kraft i det den Hellige Ånd kommer over dere, og dere skal være mine vitner, martyrer, bevis produsenter både i Jerusalem og i hele Judea og Samaria, og like til de ytterste og bortgjemte steder, jordens ende."
(Apg. 1, 8)

Peter var en martyr, han var et bevis produsent

Peter var" livet", Peter var åpenbaringen av Guds fullkomne vilje, der og da. Han var en" Jesus person", han var et vitne, en martyr.

Ordet martyr fra Gresk betyr: En person som legger fra håndfaste fysiske bevis om at Jesus er oppstanden ifra de død og har beseiret Satan en gang for alle, på alle punkter for all evighet. Og at Jesu blod renser vekk all synd for all evighet, for de som lar Jesus bli Herre i sine liv.

Det Jesus gjorde og brakte til verden, er mer enn grensesprengende og en revolusjon. Jesus beseiret og satt på rett plass ved sin seier, alt i hele Kosmos.

Du er Messias, den levende Guds sønn.

Hør på dette

" Jesus sa til disiplene: Men dere, hvem sier dere at jeg er?

Da svarte Simon Peter og sa: Du er Messias, den levende Guds sønn.

Og Jesus svarte og sa til ham: Salig er du Simon, Jonas sønn!" for kjøtt og blod har ikke åpenbart deg det, men min Far i himmelen.

Og jeg sier deg at du er Peter; og på denne klippe vil jeg bygge min menighet, felleskap, legeme, og dødsrikets porter skal ikke få makt over den." (Matt. 16, 15-18)

Guds direkte åpenbaring til deg
Guds direkte åpenbaring til deg, er det eneste som kan gi deg åpenbaring, levende gjøre det skrevne Guds ord for deg.

Åpenbaring fra Gud er høyest personlig på et vilkår
Dere leste hva Jesus sa, " kjøtt og blod har ikke åpenbart deg det, men min Far i himmelen." (Matt. 16, 15-18)

Vilkåret er at Jesus må være din Herre, det betyr at du adlyder han i ett og alt. Det er eneste måten å komme inn i Guds åpenbaring på. Den personlige enhets relasjon må bygges.

Først og fremst et vitne, en martyr

Leser vi i Apostlenes gjerninger så ser vi at vi er
et vitne, før enhver oppgave vi får gitt av Herren.
Jeg tar et vers med på det. Etter at Judas hadde
foråt Jesus og han hengte seg, måtte en annen ta
over hans oppgave.

" Derfor bør en av de menn som vandret sam-
men med os i all den tid den Herre Jesus gikk
inn og ut hos oss,

Like fra sin dåp ved Johannes inntil den dag da
han ble opptatt fra oss – en av disse bør sammen
med oss bli vitne om hans oppstandelse,"
(Apg. 1 21-22)

Vi tar vilkårene igjen

Vi må la Jesus bli den virkelige Herren vi adly-
der i ett og alt.
Disiplene hadde ikke det skrevne Guds Ord som
vi har, men vilkårene var de samme hos dem
som hos oss. Det ser du når du leser om igjen v
22.

De hadde vandret sammen med evangeliet i kjøtt og blod, det har ikke vi i dag, men vi har det skrevne evangeliet, Guds Ord, Bibelen. Vi har blitt gitt Guds fullkomne vilje i Bibelen, det er det vi forholder oss til. Vi har Jesu vilje og vi har Jesu liv.

Jesu vilje

" Jesus sa: For jeg er kommet ned fra himmelen, ikke for å gjøre min vilje, men hans vilje som har sendt meg." (John. 6, 38)

Her tar vi opp stafett pinnen fra Jesus og går videre dere Jesus avsluttet forsoningsverket på Golgata kors.

Jesu liv

" For Guds Ord er levende og kraftig og skarpere enn noe tveegget sverd og trenger igjennom, inntil det kløver sjel og ånd, ledemot og marg, og dømmer hjertets tanker og råd." (Heb. 4, 12)

Vi leser videre
" I begynnelsen var Ordet, Ordet var hos Gud, og Ordet var Gud." (Joh 1, 1)

8

" Ordet ble kjøtt og tok bolig iblant oss, og vi så Hans herlighet – en herlighet som den enbårne sønn har fra sin far – full av nåde og sannhet." (John. 1, 14)

Ordets potensial

Ordet – Jesus er ikke her lenger i sitt jordiske legeme, men Jesus etterlot det skrevne Guds Ord. Jesus etterlot Ordet med det guddommelige potensial, til å levende gjøre seg fysisk på jorden i mennesker, ved den Hellige Ånds levende gjøring, ja, åpenbaring av det. La oss se hva vi finner i de Gamle Testamentet.

" Min sønn akt på mine Ord, bøy ditt øre til min tale, (den Hellige Ånds levende gjøring, åpenbaring av Ordet)

La dem ikke vike fra dine øne, bevar dem dypt i ditt hjerte.

For de er **liv** for hver den som finner dem, og legedom for hele hans legeme.

Bevar ditt hjerte (ånd) fremfor alt det som bevares, for **livet** utgår fra det." (Ordspr. 4, 20-23)

" Og de (deg og meg) seiret over ham (djevelen)
i kraft av lammets blod (livet er i Jesu blod) og
de ord de vitnet (martyr som betyr i korthet en
bevis produsent om Jesu oppstandelse fra de
døde, åpenbaringa v Guds fullkomne vilje)"
(Åp. 12, 11)

Jesus ga befalingen, ordren til de troende
" Men til slutt åpenbarte Jesus seg for de elleve
selv, mens de satt til bords, og han refset dem for
dere vantro og harde hjerter, fordi de ikke hadde
trodd dem som hadde sett ham oppstanden.

Og han sa til dem: Gå ut i all verden og forkynn
evangeliet for all skapningen!

Den som tror og blir døpt skal bli frelst; men den
som ikke tror, skal bli fordømt.

Og disse tegn skal følge dem som tror: I mitt
navn skal de drive ut onde ånder, de skal tale
med tunger,

De skal ta slanger i hendene, og om de drikker
noe giftig, skal det ikke skade dem; på syke skal
de legge sine hender, og de skal bli helbredet.

Så ble den Herre Jesus, etter han hadde talt til dem, opptatt til himmelen, og satte seg ved Guds høyre hånd.

Men de gikk ut og forkynte Ordet alle steder, og Herren virket med og stadfestet Ordet ved de tegn som fulgte med." (Mark. 16, 14-20)

" Dersom dere blir i mitt Ord, da er dere i sannhet mine disipler." (John. 8, 31)

En ny type mennesker - etterfølgerne
Ser du det? Dersom Vi er fylt av, lytter til og adlyder det skrevne Guds Ord. Med andre ord, vi lar Ordet, Bibelen, lede livene våre. Gjør vi det, så er det Jesus Kristus som blir vår Herre og leder, fordi han er Ordet.
Da blir vi sanne Jesus personer, vi blir en del av den nye typen mennesker, Jesus typen.

" Jesus sa: Dersom dere blir i meg – og mine ord blir i dere, da be om hva dere vil, og dere skal få det." (John. 15, 7)

" Jesus sa også disse fantastiske ordene til disiplene: Og se, jeg er med dere alle dager inntil tidsalderens ende." (Matt. 28, 20)

Ved å komme hit i posisjon med livene våre som disiplene var, så er vi klare som samarbeidspartnere med Guddommen. Åpenbaringene ligger klare for oss å gripe.

Hva er og hvor kommer åpenbaring fra?

" Gud sa: Bli lys. Og det ble lys." (1 Mos 1, 3)

" For han talte og det skjedde, ha bød og det sto der." (Salme 33, 9)

Gud skaper med sine Ord

Alt startet med det store rommet Kosmos som Gud Jehova skapte. Der i det store rommet Kosmos, skapte Gud de elementene han ønsket å ha der. Han lot alle ting utvikle seg slik han ønsket det.

Gud Jehova er i kontroll av alle sine forskjellige typer skapelser.

Bibelen sier også helt klart, " Gud Jehova er Ånd" (John 4, 24)

13

Kreasjon

I menneskehetens begynnelse, som aldri har vært tidligere, vil et gjenfødt menneske kunne si: En tid på ca. 6000 år, som er i en tid av uendelighet.

En tid av uendelighet

Ser vi på en tidslinje med et Alfa og et Omega og midt på den linjen ser vi merket opp 6000 år. Det vil da si ifra Adam og Eva og til i dag. Menneskeheten og alt det skapte er i Guds tid, som er evighetens evighet.

Evolusjon

Evolusjonen mener tid har en begynnelse og vil nå sin ende. Det er da hva et ikke gjenfødt menneske vil kunne si. De forholder seg til den fysiske verden de kan registrer igjennom sine sanser.

Gud Jehova den selveksisterende som åpenbarer seg og er evighetens evighet

Dette er viktig å ha helt klart for seg, slik er Bibelens Gud. Alle andre" Guder" som har kommet i ettertid, er menneske lagde, ikke skapte. Skape kan bare skaperen Gud Jehova.

Åndelige og skapende

I begynnelsen svevde Guds Ånd over vannene og Gud Jehova talte. Guds Ord er som han selv Åndelige og skapende.

I de 2 første kapitlene i første Mosebok, ser vi Guds skaper og hvordan han gjorde mennesket til en samarbeidspartner i skapelses oppgaven. Det skriver jeg om i andre av mine bøker.

Vi har tatt med verset" Gud er Ånd."
(John. 4, 24)

Nå tar vi med verset" Gud er kjærlighet."
(1 John. 4, 8)

Alt skapt i kjærlighet

Alt Gud Jehova har skapt, er skapt i kjærlighet. Mennesket er det ypperste av Guds skapelser.

"Du, Gud gjorde ham, mennesket, lite ringere en Gud, og med ære og herlighet kronte du ham.

Du gjorde ham til hersker over dine henders gjerninger, alt la du under hans føtter."
(Salme 8, 6)

Gud skapte mye, men vi var det ypperste, vi var skapt i hans bilde, vi er Guds kjærlighets skapninger

Mennesket er Guds ypperste kjærlighets skapning. Han skapte oss mennesker til å leve i felleskap med Ham.

Guds kjærlighet og Guds Ånd ser vi er en uadskillelig enhet

Vi leser fra Galater brevet

" Men Åndens frukt er kjærlighet, glede, fred, langmodighet, mildhet, godhet, trofasthet, saktmodighet og avholdenhet." (Gal. 5, 22)

Når Guds Ånd, den Hellige Ånd får muligheten til å frigjøre seg i et menneske, ut ifra menneskets ånd og inn i menneskets sjel/personlighet, vil det bli synelig igjennom menneskets legeme, gjennom adferd og sanser.

Det første mennesket, Adam og Eva, levde i en total åpenbaring av Gud igjennom sitt menneskes ånd, sjel og legeme. Åndens frukter var aktive i deres liv til det fulle, helt fram til syndefallet.

Ulydigheten mot Gud Jehova, stanset fullkommenheten, ikke Gud Jehova

Mennesket kunne ha levd i den fullkomne åpenbaringen av Gud i seg, i sin ånd og sjel, men menneskets ulydighet/syndefallet, satt en stopper for det.

" Og de hørte Gud Herren som vandret i hagen." (1 Mos. 3, 8)

Gud hadde gitt mennesket et liv i total frihet, åpenbaring og kjærlighet. Men ved sin ulydighet imot Gud, brøt de loven for en orden som måtte være, for at ting skulle fungere fullkomment. Da måtte konsekvensen komme, som vi ser har utviklet seg mer og mer fram til i dag globalt. Slik er det, enten mennesket aksepterer det eller ikke. Menneskets meninger, er ingen avgjørende faktor. Gud Jehova er den avgjørende faktor i alle ting. Kan du ikke akseptere det, har du et evighets problem. Slik er livets virkelighet.

Gud Jehova ga oss makt over alle ting

" Og Gud sa: La oss gjøre mennesker i vårt bilde, etter vår lignelse, og de skal råde over fiskene i havet og over fuglene under himmelen

og over feet og over all jorden og alt kryp som
rører seg på jorden." (1 Mos. 1, 26-27)

Mennesket hadde fått planeten jorden, Tellus,
som Edens hage. Der skulle de glede, fryde seg
og være tilfresstilt på alle måter. Her skulle de
leve i et nært felleskap med sin Far i himmelen i
en total åpenbaring av Gud Jehovas herlighet.

" Og se, Israels Gud, Gud Jehovas herlighet kom
fra øst, og lyden av den var som lyden av store
vann, og jorden lyste av hans herlighet."
(Esek. 43, 2)

Gud ga mennesket et valg i et forbud
" Gud sa: Treet til kunnskap om godt og ondt må
du ikke ete av, for på den dagen du spiser av det,
skal du visselig dø." (1 Mos. 2, 17)

Her var det valget for menneskeheten sto – val-
get mellom et liv i

Sansekunnskap eller åpenbaringskunnskap
Adam og Eva visste hva de hadde. De hadde
Guds fulle frihet i forståelse og kjennskap til alle

ting av alt som var godt. De levde i herligheten. De kjente kun til et liv i herligheten.

Midt der i herligheten kom Satan inn og fristet Adam og Eva med det ukjente. Det ukjente som virkelig ville vise dem hva de ville miste. Når de så hva de ville miste, hadde de allerede mistet det. For å kunne se forskjellen på godt og ondt, måtte de miste hva de hadde først. En skremmende virkelighet med et valg hadde kommet. Valget var lett å velge riktig, men nysgjerrigheten om hva det ukjente var, tok overhånd. Med sin vilje liv, styrte Adam og Eva mot det ukjente.

" Satan sa: Har Gud virkelig sagt: Dere skal ikke ete av noe tre i hagen?" (1 Mos. 3, 1)

" Videre sa Satan: Dere skal visselig ikke dø."
(1 Mos. 3, 4)

Satan ville ha mennesket ut av åpenbaringskunnskapen

Satan ville ha mennesket ut av åpenbaringskunnskapen og inn i et liv i sansekunnskapen, der hvor han kunne manipulere og styre mennesket slik han ønsket.

 Den første manipulasjonen kom her." Dere skal visselig ikke dø". Satan var slu i sin uttalelse. Han sa en halv sannhet. Det var sant at mennesket ikke skulle dø i sitt kjød der og da, men de ville dø ut av et liv i herligheten der og da. Satan sa ikke at de vill falle ut av åpenbaringskunnskapens virkelighet og inn i sansekunnskapens virkelighet.

" Og kvinnen så at treet var godt å ete av, og at det var en lyst for øynene, og at det var et prektig tre, siden en kunne få forstand av det, og hun tok av frukten og åt; og hun ga til sin mann med seg, og han åt." (1 Mos. 3, 6)

Tragedien var et faktum,
De hadde forlatt åpenbaringskunnskapen og kommet inn i sansekunnskapens rike.
De hadde valgt sansekunnskapen, en ikke kjærlighetsfulle og ikke skapende virkelighet.

" Så viste Gud Herren ham ut av Edens hage og satte ham til å dyrke jorden, som han var tatt av." (1 Mos. 3, 23)

Frivillig hadde Adam og Eva forlatt åpenbaringskunnskapens rike, den guddommelige visdommens rike, fullkommenhetens rike.

" Og Gud sa til Adam: Fordi du lød din hustru og åt av det treet som jeg forbød deg å ete av, så skal jorden være forbannet for din skyld! Med møie skal du nære deg av den alle dine livs dager.

Og torner og tistler skal den bære deg, og du skal ete urtene på marken.

I ditt ansikts sved skal du ete ditt brød, inntil du vender tilbake til jorden, for av den er du tatt; for støv er du, og til støv skal du vende tilbake."
(1 Mos. 3, 17-19)

Her hadde Gud gitt veiekartet for et liv som en synder, en som hadde vært ulydig imot Gud Fader. Et liv uten åpenbaringskunnskap, et liv kun i sansekunnskapen.

Mennesket hadde kommet under dødens lov.

" For livets Ånds lov har i Kristus frigjort meg
fra syndens og dødens lov." (Rom. 8, 2)

Frivillig inn i sansenes fengsel

Kristus kom og frigjorde menneskeheten fra
syndens og dødens lov, som Adam og Eva brakte
oss inn under. De gikk frivillig ifra et liv uten
grenser og en fullkommen åpenbaring av alt Gud
har skapt, til et liv i sansenes fengsel.

Fra uendelighet til miniatyr i størrelse

Deres liv hadde blitt begrenset til hva de kunne
registrere igjennom sine sanser. Det var blitt
størrelsen på deres liv og omgivelser. De som
kunne hatt et liv uten grenser i åpenbar-
ingskunnskap og sansekunnskap.

Nå satt de igjen med en sansekunnskap, som var
det nødvendige for et menneske å ha de årene en
skulle leve på jorden, før de igjen gikk tilbake til
støv.

**Veien tilbake til åpenbaringskunnskapen og
herligheten.**

Bli født på ny

Det var en fariseer som het Nikodemus, han var
en av jødenes rådsherrer. Han forsto at Jesus var
fra Gud. Han kom til Jesus om natten, han ville
ha det Jesus hadde. Han var et menneske av
sansekunnskapens verden. Her fortalte Jesus
ham hemmeligheten om veien for menneske-
heten tilbake til et liv i åpenbaringskunnskapen.

" Jesus svarte Nikodemus og sa: Sannelig, san-
nelig sier jeg deg: Uten at noen blir født på ny,
kan han ikke se Guds rike.

Uten at noen blir født av vann og Ånd, kan han
ikke komme inn i Guds rike.

Det som er født av kjødet, er kjød, og det som er
født av Ånden, er ånd.

Undre deg ikke over at jeg sa til deg: Du må bli
født på ny!

Vinden blåser dit den vil, og du hører den susser:
men du vet ikke hvor den farer hen; således er
den hver den som er født av Ånden."
(John. 3, 3-5-6-7-8)

En ny skapning klar for den Åndelige verden, Guds rike

Det er en vei tilbake til et liv i den guddommelige Åndelige verden for deg. Det er en vei tilbake til et liv i åpenbaringskunnskapen og herligheten. Det er en verden usynelig for menneskets sanser som er begrenset til det jordiske. Du kan bryte igjennom barrieren og inn i denne åndelige virkelighet. Døren er åpen, døren heter Jesus. Igjennom han kan du bryte ut den totale frihet, men da må du bli født på ny. Du må bli en ny skapning. Den gamle syndige skapningen må byttes ut med en ny syndfri skapning.

" Derfor, dersom noen er i Kristus, a er han en ny skapning; det gamle er borte, se, alt er blitt nytt." (2 Kor. 5, 17)

Dåpen i den Hellige Ånd

Da du har blitt født på ny, er dåpen i den Hellige Ånd neste skritt for deg på veien inn i åpenbaringskunnskapens rike.

" Dere skal få kraft i det den Hellige Ånd kommer over dere" (Apg. 1, 8)

Du tar imot en dåp i den Hellige Ånds kraft, du mottar da en fylde i din ånd og en Hellige Ånd som vil være rundt deg. Denne Ånden vil være i hver mikro fiber i ånd, sjel og legeme. Du må tro det. Tror du det så lever du det ut i samsvar med det skrevne Guds ord. Ordet er Kristus. Den Hellige Ånd vil være din veileder i Ordet.

Er du fylt av Ordet
" Men talsmannen den Hellige Ånd, som Faderen skal sende i mitt navn, han skal lære dere alle ting, og minne dere om alle ting, som jeg har sagt dere." (John. 14, 26)

Skal talsmannen den Hellige Ånd være i stand til å veilede deg, må du leve i Guds Ord, Bibelens Ord. Den Hellige Ånd kan kun ta av det Guds Ord, Bibelens Ord du har fylt deg med.

" Dersom dere blir i meg, og mine ord blir i dere, da be om hva dere vil, og dere skal få det."
(John. 15, 7)

Her har du begynnelse til et liv åpenbaringskunnskapens rike.

25

3

Hvorfor åpenbaring?

" Uten åpenbaring farer folket vill, men lykkelig er den som holder loven." (Ordspr. 29, 18)

Nå forstår du at viktigheten for livet ditt som en" født på ny skapning" er å få en forståelse av livet i Den Hellige Ånd i åndens verden. Du er en levende åndelig skapning med en ny ånd, en ånd fri arvesynden etter Adam og Eva. Slik ble livet ditt etter du lot Jesus bli Herre i ditt, og du ble født på ny. Dette er snakk om en gigantisk hendelse.

Tenk deg å leve i 2 eksistenser samtidig. Du lever i en fysisk tilstand på jorden, samtidig som du lever et liv åndens verden. Du lever i en fysisk verden og en åndelig verden.

Det viktigste i ditt liv, er å få den stillingen i den åndelige verden som Herren vil du skal ha. Da er første skrittet dit, at du blir født på ny, ja, en ny skapning i Kristus Jesus. Der er mulighetene for

deg til utvikling i åpenbaringskunnskapen, som
vil føre deg fram til det rike livet Gud Jehova
ønsker du skal ha den tiden du er på jorden som
en født på ny person, en ny skapning i Jesus, ja,
som en Kristen.
Jesus kom ikke for å fjerne love, men for å opp-
fylle loven. Kristus Jesus er i deg igjennom den
nye Fødsel og i ditt liv i Guds Ord, Bibelen.

Hør hva Bibelen sier:

" Jesus: Dere må ikke tro jeg har kommet for å
oppheve loven eller profetene; jeg er ikke kom-
met for å oppheve, men for å oppfylle.

For jeg sier dere: Dersom deres rettferdighet
ikke overgår de skriftlærdes og fariseernes,
kommer dere ingenlunde inn i himlenes rike:"
(Matt. 5, 17 og 20)

" Men av ham er dere i Kristus Jesus, som er
blitt visdom fra Gud og rettferdighet og hellig-
gjørelse og forløsning." (1 Kor. 1, 30)

Ser du hva du har blitt i Kristus. Alle dører er åpne for deg in i Guds rike åpenbaringskunnskap som en gjenfødt person.

Fariseerne som levde styrt av sansekunnskapen, kom for å fange Jesus i ord.

" Jesus sa til dem: Er det ikke derfor dere farer vill, fordi dere ikke kjenner skriftene, Bibelens ord og heller ikke Guds kraft.

For når de står opp ifra de døde, da verken tar de til ekte eller gis til ekte, men de er som englene i himmelen." (Mark.12, 24-25)

Kampens hete vil vare til vi entrer vårt siste tilholdssted for evig

Det er det samme mennesker vil oppleve alle steder. Kampen imellom sansekunnskapen og åpenbaringskunnskapen, kampen mellom kjødet og sansene og Åndens liv som er evighetens substans. Evighetens evigheters DNA og stamceller.

Fariseerne kom med sansenes ord snarer – men ble avvæpnet av det som Guds åpenbaringen har.

Guds åpenbaring er det eneste som gir det evige livets substans og seier.

" Jesus sa: Det er Ånden som gjør levende, kjødet, sansene, hjelper ingenting. De ord jeg har talt til dere er **Ånd og liv**." (John. 6, 63)

" Jesus sa: Tror du ikke at jeg er i Faderen, og Faderen i meg? De ord jeg sier til dere, taler jeg ikke av meg selv, men Faderen, som blir i meg, han gjør sine gjerninger." (John.14, 10)

Jesus talte ordet til eksistens i den fysiske verden
Han talte det selveksisterende ordet, som åpenbarer seg og er evig. Han talte, han ga Gud Jehova liv fra sitt indre. Det samme vil du gjøre, når åpenbaringskunnskapen får flyte i deg.

" Jesus sier: Jeg er veien sannheten og livet." (John. 14, 6)

Jesus talte Ordet, Jesus talte åpenbaring som Gud Jehova gjorde direkte i begynnelsen. I dag vil Jesus leve i og gjennom deg med åpenbarin-

gens kunnskap til en fysisk døende men-
neskeslekt.

" Jesus sa: Jeg er kommet som et lys til verden,
for at hver den som tror på meg, ikke skal bli i
mørket.

For jeg har ikke talt av meg selv, men Faderen
som har sendt meg, han har gitt meg befaling om
hva jeg skal si og hva jeg skal tale.

Og jeg vet at Hans befaling er evig liv. Derfor
det jeg taler, det taler jeg således som Faderen
har sagt meg." (John. 14, 46 og 49-50)

Åpenbaring er det eneste som gir liv
" Og Jesus kom til sitt hjemsted og lærte dem i
deres synagoge, de ble slått av forundring og sa:
Hvorfra den mann slik visdom og slike kraftige
gjerninger?

Er ikke dette tømmermannens sønn?"
(Matt. 13, 54-55)

Jesus talte ikke som et menneske, men som et
Gud-menneske. Det samme vil vi gjøre når vi

31

taler det åpenbarte skrevne Guds Ord til mennesker.

Hvorfor gikk ikke disiplene til Jesus ut med budskapet?
Budskapet om Kristi forsoningsdød og oppstandelse, -rett etter oppstandelsen?

Her er svaret
" Og da han, Jesus, var sammen med dem, bød han dem at de ikke skulle vike fra Jerusalem, men vente på det som Faderen hadde lovet.

" Men dere skal få kraft i det den Hellige Ånd kommer over dere, og dere skal være mine vitner, martyrer (Gresk), bevis produsenter av min oppstandelse i fra de døde" (Apg. 1, 8)

De måtte vente på den Hellige Ånd, Ånden som ga liv og åpenbaring. Ånden som ga forståelse av det talte Ord om Kristus.

Kristi Ord
Kristi Ord er det åpenbarte skrevne Guds Ord, Bibelens ord.

” Så kommer da troen av forkynnelsen og forkynnelsen ved Kristi ord (Rhema, gresk, det åpenbarte).” (Rom. 10, 17)

” men talsmannen, den Hellige Ånd, som Faderen skal sende i mitt navn, han skal lære dere alle ting, og minne dere om alle ting som jeg har sagt dere.” (John. 14, 26)

Den Hellige Ånd levendegjør Guds Ord, Bibelens Ord for oss igjennom Åndens åpenbaring.

” Paulus sa: For Kristus har ikke utsendt meg for å døpe, men for å forkynne evangeliet, ikke med vise ord, for at Kristi kors skulle tape sin kraft.

Her ser vi Paulus forsto og levd i åpenbarings kunnskapen av Guds Ord, som han formidlet videre og som vi har i dag.

” Paulus sa: Og min tale og forkynnelse var ikke med visdoms overtalende ord, men med Ånds og krafts bevis,

For at deres tro ikke skulle være grunnet på menneskers visdom, sansekunnskap, men på Guds kraft, åpenbaringskunnskap." (1 Kor. 24-5)

" Men som en hemmelighet taler vi Guds visdom, den skjulte, som Gud fra evighet av har forut bestemt til vår herlighet,

Den som ingen av denne verdens herrer kjente; for hadde de kjent ham, da hadde de ikke korsfetet herlighetens herre;

Men som skrevet er: Hva øye ikke så og øre ikke hørte, og hva ikke oppkom i noe menneskes hjerte, hva Gud har beredt for dem som elsker Ham.

Men oss har Gud åpenbart det ved sin Ånd. For Ånden ransaker alle ting, også dybdene i Gud; (1 Kor. 2, 7-10)

" For Guds Ord er levende og kraftig og skarpere enn noe tveegget sverd og trenger igjennom, inntil det kløver sjel og ånd, ledemot og marg, og dømmer hjertets tanker og råd," (Heb. 4, 12)

" Men tro er full vishet om det som håpes, over-
bevisning om ting som ikke ses." (Heb. 11, 1)

Og dette evangeliet om riket skal forkynnes over
hele jorderiket til et vitnesbyrd, Martyr (Gresk),
med bevis, for alle folkeslag, og da skal enden
komme." (Matt. 24, 14)

**Det åpenbarte skrevne Guds Ord, Bibelens
Ord, over dine lepper er Guds skapende kraft
igjennom deg.**

4

Kanaler for åpenbaring – Kanal 1

Gud ønsker mer enn noe sin skapende kraft, skal bli en virkelighet igjennom ditt liv. Denne kraften er det kun en mulighet å komme inn og det er igjennom åpenbaring.
Jeg vil her forklare deg forskjellige type åpenbaringskanaler ut ifra det skrevne Guds ord, Bibelen, som du kan komme inn i.

En ny skapning

Det første som skjer med våre liv, når vi kommer til Kristus, er at vi i den nye fødsel blir et Guds barn. Du får en ny syndfri ånd, beseglet med den Hellige Ånd. (Ef.1,13) Dette viser at du er Guds barn, at du er en ny skapning i Kristus Jesus. Du har blitt født på nytt i din ånd.
Neste skrittet vil bli, ettersom du er villig å leve overgitt til Kristus, er å vokse mot å bli en Guds sønn, da med en sønns bevisste arvemessige ret-

tigheter. Når du kommer hit, vil du være blant de som drives av Guds Ånd.

Kanal 1

" Så mange som drives av Guds Ånd, er Guds barn." (Rom. 8,14)

De som lever drevet av den Hellige Ånd, vil oppleve det 1 John. 2, 20 sier.

" Dere har salvelse av den Hellige og vet alt."
(1 John. 2, 20)

Salvelse, Karisma (Gresk)

Salvelse betyr fra gresk Karisma. Det er et skinn på deg og igjennom deg, fordi du har frigjort den Hellige Ånds krefter i ditt liv. Du har vært lydig i din overgivelse til Kristus i henhold til Bibelens ord og du tror du har det du har. Jeg snakker ikke om en innbilt tro, men den Gudgitte tro, via åpenbaring som vi her i boken kommer inn på.

Din Åndelige tro er alltid aktiv

Da vil denne salvelse, Karisma være på deg og igjennom deg til de som er rundt deg, fordi din Guddommelige Åndelige tro alltid er aktiv i deg.

Dette er en hard vei å gå for de som vi ha det. Bruken av ordet salvelse kom i bruk fordi de blandet olje med urter, som ga god lukt. Dette ble brukt på samme måte som" salve olje" uttrykket ved bønn forsyke av de eldste.

Salvelse er ene og alene den Hellige Ånds kraft

Salvelsen eller Karisma, er ene og alene den Hellige Ånds kraft over og igjennom det overgitte mennesket, som bruker den i aktiv Guddommelige Åndelig tro.

" Og dere – den salvelse, det Karisma, den Hellige Ånd som dere fikk av Ham, den blir i dere, og dere trenger ikke til at noen skal lære dere, men som hans salvelse, Karisma, den Hellige Ånd, lærer dere alt, så er det og sannhet og ikke løgn, og bli i Ham, således som den lærte dere." (1 John. 2, 27)

Jeg tar med noen vers til med samme forståelse.

" Jesus sa: Men talsmannen den Hellige Ånd, som Faderen har sendt i mitt navn, han skal lære

38

dere alle ting og minne dere om alle ting som jeg
har sagt dere." (John. 14, 26)

" Min sønn! Akt på mine ord, **bøy ditt øre til**
min tale!

La dem ikke vike fra dine øyne, bevar dem dypt
i ditt hjerte!

For de er liv for hver en som **finner dem**, og
legedom for hele hans legeme.

Bevar ditt hjerte fremfor alt det som bevares; for
livet utgår fra det." (Ordspr. 4, 20-23)

Et livs nedleggelse
Ved å lese disse versene så forstår du at en virk-
somhet av den Hellige Ånds ild og kraft,
Salvelse eller Karisma i ditt liv, ikke kommer
ved noe håndspåleggelse. Her er det kun et livs
nedleggelse, en i kledning av det skrevne Guds
ord og adlydning av det skrevne Guds ord som
teller.
Da vil Guds salvelse, Karisma eller den Hellige
Ånds ild og kraft, være disponibel for deg.

Det er ingenting annet enn Guds Åndelige aktive tro, som får prosessene i gang.

Følger du Guds ords retningslinjer som jeg her har beskrevet, vil du begynne å motta åpenbaringer fra Gud. Du vil oppleve det på det jeg kaller kanal 1. Jeg vil nevne flere åpenbarings kanaler for deg her i boken, men det starter med kanal 1. Etter som du beveger deg inn i dette, vil Herren veilede deg i det du trenger avlegge av kjødet for å komme i posisjon. Husk at Guds Ånd bruker kun det skrevne Guds ord i veiledning av deg. Dette er høyest personlig. Det er deg og Herren.

” Men vi som med et utildekket åsyn skuer Herrens herlighet som i et speil, vil blir alle forvandlet til det samme bilde fra herlighet til herlighet, som av Herrens Ånd.” (2 Kor. 3, 18)
Her er det bare å sette å la vilje livet adlyde Guds ord. Bibelens ord. Her er hva du vil begynne å oppleve.

” Jeg vil opplate min munn med tankespråk, jeg vil la utstrømme gåtefulle ord fra tidligere tider.” (Salme 78, 2)

40

Vi leser videre:

" Men dette er den pakt jeg vil opprette med Is-
raels hus etter de dager sier Herren, jeg vil gi
min lov i deres sinn og skrive den i deres hjerter,
og jeg vil være deres du, og de skal være mitt
folk.

Og de skal ikke mer lære hver sin neste og hver
sin bror og si: Kjenn Herren. For de skal alle
kjenne meg, både små og store, sier Herren, for
jeg vil forlate deres missgjerninger, og ikke mer
komme deres synd i hu. Ikke mer huske deres
synd." (Jer. 31, 33-34)

**Denne grunnleggende åpenbarings kanal, vil
fungere i ethvert disiplinert gjenfødt men-
neskes liv som vil ha det.**

" Dog visdom taler, vi blant de fullkomne, men
en visdom som ikke hører denne verden eller
denne verdens herrer til, de som forgår;

Men som en hemmelighet taler vi Guds visdom,
den skjulte, som Gud fra evighet av har forut
bestemt til vår herlighet,

Den som ingen av denne verdens herrer kjente; for hadde de kjent den, da hadde de ikke kors- fetet herlighetens Herre;

Men som skrevet er: Hva øye ikke så og øre ikke hørte, hva ikke kom opp i noe menneskes hjerte, hva Gud har beredt for dem som elsker Ham.

Men oss har Gud åpenbart det ved sin Ånd. For Ånden ransaker alle ting, også dybdene i Gud;

For hvem iblant mennesker vet hva som bor i mennesket, uten menneskets ånd, som er i ham? Således vet heller ingen hva som bor i Gud, uten Guds Ånd;

Men vi har ikke fått verdens ånd, vi har fått den Ånd som er av Gud, for at vi skal kjenne det som er gitt oss av Gud.

Det som vi også taler om, ikke med ord som menneskelig visdom lærer, men med ord som Ånden lærer, idet vi tolker åndelige ting åndelige ord.

42

Men et naturlig menneske tar ikke imot det som
hører Guds Ånd til; for det er ham en dårskap,
og han kan ikke forstå og kjenne det, for det
dømmes åndelig;

Men den åndelige dømmer alt, men selv
dømmes han av ingen;

For hvem har kjent Herrens sinn, så at han skulle
lære ham? Men vi har Kristi sinn."
(1Kor. 2, 6-16)

**Kjødet med sansene trekkes mot Adama (Rød
jord) – vårt åndelige liv trekkes imot den ån-
delige virkelighet.**

Vi har en naturlig overgang fra kanal 1" den
grunnleggende åpenbaringskanal", til kanal 2-7"
aldersmålet for Kristi fylde kanalene"

Her ser vi klart kjødet med sansene, som kun har
lengsel til det jordiske (Adama, Heb.) og ikke
har noen mulighet til å samarbeide med noen
åndelig verden.

Vi må gjøre valget og leve ut det vi bestemmer oss for

Derimot vårt åndelige liv, har muligheten til felleskap med den åndelige verden, enten gjennom å bli født på ny og la Jesus bli Herre og da å være en Kristen. Men det er en mulighet til, det er ved å åpne opp for Satan og demonenes åndelige virkelighet.

Vi ser vi har muligheten for å leve kjødet ut mot det kjødelige, sanselige, jordiske eller til å leve det åndelige livet vi har ut imot den åndelige virkelighet. Den åndelige virkelighet hvor Gud Fader, Jesus Guds sønn, den hellige Ånd er og Guds rike i alle varianter er.

Satan og demonene har også sitt tilholdssted i den åndelige verden, men begrenset til områdene rundt jorden. Det er menneskeheten som er Satan og demonens aktualitet og fiender i dag.

Kjødelige Kristne

Kjødelige Kristne er de som lever sine liv som de alltid har gjort, styrt av kjødet, styrt av sansene i kjødet, med en bekjennelse av at de tror på Gud og på Jesus. De har aldri forstått eller gjort noe for å få et personlig liv med den Herre Jesus, verdens frelser. De har absolutt in-

44

gen mulighet til å oppleve noe som helst av det kanal 1 snakker om. De har heller ingen interesse av å få det.

Det hele starter med den nye fødsel og med Jesus som Herre i sine liv som jeg allerede har tatt med, da dette er grunnlaget vi må bygge på.

Det finnes ikke rom for religiøsitet

Det finnes ikke noe rom for religiøsitet i et gjenfødt menneskes liv som ønsker leve et liv i åpenbaring av Guds herlighet.

Lever vi våre liv overgitt til Kristus Jesus, har vi muligheten til åpenbaring i alle åpenbarings kanaler på likt, de som jeg her snakker om. Dette går hånd i hånd med overgivelsen til Kristus og Guds Ånds aktive tro.

" Fordi kjødets, sansenes attrå er fiendskap mot Gud – for det er ikke Guds lov lydig, kan heller ikke være det –

" For om vi enn vandrer i kjødet, så strider vi dog ikke på kjødelig vis,

For våre stridsvåpen er ikke kjødelige, men mektige for Gud til å omstyrte festnings – verker,

Idet vi omstyrter tankebygninger og enhver høyde som reiser seg mot kunnskapen om Gud, og tar enhver tanke til fange under lydigheten mot Kristus," (2 Kor. 10, 3-5)

Uten helliggjørelse ingen åpenbaring

Denne fundamentale, grunnleggende åpenbaringskanalen er sterk. Det er på denne 1 kanalen jeg kaller det, vi bygger videre på de andre. Denne må ligge som en såle.

Det som også skjer når vi bygger" åpenbarings sålen, fundamentet" er at vi parallelt bygger vår personlighet slik Herren vil ha den. Du går i en helliggjørelses prosess med livet ditt fra dag en, når du begynner å gå mot åpenbaring. Uten et liv i helliggjørelse, blir det heller ingen åpenbaringskunnskap å få.

Når disse oppgavene blir gitt til gjenfødte Kristne

Det mest normale her at når vi blir frelst, så er det noen av oss som kjenner på å tjene Herren sterkere og på en annerledes måte enn andre. Noen blir flinkere til å legge ut Bibelens ord og har et større hjerte for å betjene mennesker.

Disse har som oftest en oppgave gitt fra Gud som venter.

Oppgaven venter på din utvikling i kanal 1

Oppgaven venter på at du skal utvikle deg i Kanal 1. Utvikle deg slik at alt kommer på plass. Helliggjørelsen og åpenbaringene går hånd i hånd. Da vil åpenbaringer bli tilgjengelige for deg som gjelder oppgaven du har blitt gitt.

Er vi ikke villige til å gå videre i helliggjørelses prosessen med Herren, så vil åpenbaringene og gavene bli mindre og til slutt forlate deg.

Fram til modenhet

Tjeneste fra Gud er kun for den ene oppgave å hjelpe de gjenfødte fram modenhet i Kristus.

" Inntil vi alle når fram til enhet i tro på Guds sønn og i kjennskap (åpenbaringskunnskap) til Ham, til modenhet, til aldersmålet for Kristi fylde," (Ef. 4, 13)

Du ser det klart. Skal en tjener være i stand til å føre de hellige fram til modenhet, må en tjener være der selv. Her er et kjempeproblem, det er

lite åndelighet å se blant de som mener med seg
selv å ha en tjener rolle.

Kamp i åndens verden

Vi må aldri glemme at det arbeidet vi er satt til å
gjøre, er først og fremst et åndelig arbeid i den
Hellige Ånd. Derfor må alt på plass slik herren
vil ha det, hvis ikke fungerer det ikke.

Det kjødelige

Vårt legeme (Adam fra Hebraisk) søker sitt eget.
Det kommer fra jordens muld (Adama fra He-
braisk).

Det Åndelige (den Hellige Ånd)

Vårt åndelige gjenfødte liv, er av Ånden og søk-
er derfor det Guds Åndelige. Legger vi ikke ned
kjødet (Adam), så få ikke det Herren har gitt oss
i vår ånd, bli frigjort til tjeneste oppgaver fra
Gud.

Satan vil ikke at ditt kjød skal legges ned, han vil
arbeide igjennom kjødets sanser for å styre, kon-
trollere og ødelegge deg.

Når du står stødig så langt du har kommet med Herren

Da er du i gang med oppgavene til det nivået. Jeg begynte å be for syke med en gang etter jeg ble født på ny, frelst. Jeg forsto ikke mye, men så noen sannheter og gikk kraftig ut med dem. Vi må følge på der vi kjenner Herren trekker oss. Jeg forsto ikke at det var Herren som ville noe med meg. Jeg gjorde det jeg syntes passet meg, det jeg trivdes med å gjøre. Men etter hvert forsto jeg mer og mer.

Jeg ble mer og mer målrettet i oppgavene for Herren. På samme måte vil det være for deg. Hovedoppgaven er for oss alle Mark 16, 15, men vi starter opplæringen der vi er.

Åpenbarings tro

" Tro er full visshet om det som håpes, overbevisning om ting so ikke ses." (Heb. 11, 1)

Når jeg beveget meg i troen på det jeg forsto, hadde fått åpenbart, uten å forstå det var noen åpenbaring, så virket det.

Gud er den som styrer livene våre ved sin åpenbarte tro til oss. Vi har ikke tro for mer enn det han gir oss i åpenbaring.

Jeg begynte å reise verden rundt allerede som 22 åring

Jeg gjorde det jeg har hatt tro for, det jeg hadde satt meg for å gjøre. Det er dette vi har tro for. Så enkelt er det. Vi må bare vite om at det er slik det er. Det har brakte meg opp i mange ulike situasjoner, hvor jeg måtte bearbeide mitt eget liv og måtte avlegge gjerninger fra mitt kjød. Ting jeg hadde akseptert igjennom mine sanser, som ikke var Gud velbehagelig.

Jeg har alltid hatt opplevelser med mengdevis av helbredelser og utdrivelse av onde ånder i alle mulige varianter. Jeg har vært inne i alle mulige forskjellige religioner, folkeslag og etniske grupper og latt de få møte Kristus Jesus. Jeg har fått mange god personlig kontakter blant ledere i forskjellige religioner, og har vært med på mange av deres religiøse sammenkomster og seremonier.

Etter hvert økte mengden av mennesker opp til over 100 000 på møtene jeg hadde verden over. Helbredelser, utfrielser fra demoner og frelse har skjedd i så store mengder, at jeg ofte bare har blitt stående og se hva Gud gjør.

"Tjener" kanalene
kanal 2 til 6, åpenbarings kanaler

Tjenende oppgaver gitt av Gud

De som ikke har en forkynnende tjeneste, som det er åpenbart en de oppgavene som Paulus skriver om til Efeserne i Ef. 4, 11 og 1 Kor. 12, 28. Disse oppgavene fra Gud, er ikke benevnt som det ofte blir gjort som," en tjenestegave. Det riktige er at det er en oppgave fra Gud til å tjene Kristi legeme, Kristi felleskap, Kristi menighet med. Da blir disse oppgavene tjenende oppgaver.

Gud gav oss" noen til" (Ef. 4, 11) – det står ikke tjeneste gaver

Jeg tar med disse Bibelsteder i fra Paulus brev til Efeserne. "Tjeneste gave". Det er et uttrykk som ofte blir brukt. Man kan høre spørsmål komme

51

som – hvilken tjenestegave har du? Den riktige benevnelsen er:

Han, Gud Jehova ga oss noen til …

" Og det er han som ga oss noen til Apostler, noen til profeter, noen til evangelister, noen til hyrder og lærer,

For at de hellige (de gjenfødte overgitte) kunne bli fullkommengjort til tjenestegjerning, til Kristi legemes oppbyggelse,

Inntil vi alle når frem til enhet i tro på Guds sønn og kjennskap (ikke kunnskap) til Ham, til manns modenhet, til aldersmålet for Kristi fylde,

For at vi ikke lenger skal være umyndige og la oss kaste og drive om av ethvert lærdoms vær ved menneskers spill, ved kløkt i villfarelsens kunster,

Men at vi i sannheten tro i kjærlighet, i alle måter skal vokse opp til Ham som er hodet, Kristus." (Ef. 4, 11 - 15)

Jeg vil også ta med vers som omhandler det samme i fra 1 Korinterbrev 12, 28.

" Og Gud satte i menigheten først noen til apostler, for det annet profeter, for det tredje lærere, så kraftige gjerninger, så nådegaver til å helbrede, til å hjelpe, til å styre, forskjellige slags tunger." (1 Kor. 12, 28)

Her ser vi Paulus skriver det litt annerledes, han skriver:" Gud satte i menigheten"
I brevet Paulus skrev til Efeserne het det" Gud ga oss noen til" La oss se litt på det som er skrevet her i Korinterbrevet," Gud satte i menigheten".

Gud satte i menigheten (Ecclesia)
(1 Kor. 12, 28)

1
Først noen til apostler
En apostel er et vitne til den oppstandne og er kalt av den oppstandne, men bestemmer selv om han vil være utvalgt. Dette gjelder oss alle til frelsen og gjenfødelsen.

2

For det annet profeter

Her finner vi nok litt av hver av de andre "Gud satte i Ecclesia", det kommer an på profetens åndelige utvikling.

3

For det tredje lærere (Instruktør, master, gresk)

Tyngden i denne oppgaven er nok forskjellig, ut ifra hva troes erfaringer vedkommende har levd i. Læreren kan være en teoretiker eller en med mye erfaring, som bringer det åpenbarte, levende budskapet. Leverer læreren det åpenbarte levende budskapet, så har vedkommende evangelisten i seg eller han er en apostel. Som en lærer skal han stå i en disippelgjørende oppgave. En lærer har aldri mer og gi levende enn det han har åpenbart og lever i åpenbaringen og erfaringen av selv.

4

Så kraftige gjerninger. Evangelisten og Apostelen har spesiell tjeneste i dette, men nå utvikles gjennom praktisering.

5

Så nådegaver (flertall) til å helbrede, Her igjen
har Evangelisten og Apostelen spesiell tjeneste,
men må utvikles gjennom praktisering

Hjelpe tjenester
Til å hjelpe, (hyrde)
Til å styre, (hyrde)
Forskjellige slags tunger. (hyrde)

Her er nevnt kraftige gjerninger, nådegaver (fler-
tall) til å helbrede, Her er ikke hyrden nevnt,
men derimot" til å hjelpe"," til å styre","
forskjellige slags tunger". Her ser vi det vi kaller
pastor. Her ligger vedkommende tjenende opp-
gave. Ikke som det vi ser i dag.

Gud ga oss noen til (Ef 4, 11)
1 Apostler, (kraftige gjerninger)
2 noen til profeter,
3 noen til evangelister, (kraftige gjerninger)
4 noen til hyrder
5 og lærer,

Jeg tror det er av høyeste viktighet å være nøye i
benevnelsen av de forskjellige tingene som her

55

nevnt. Når det gjelder Herren og hans ord, er detaljene viktige. Det er av 100 % nødvendighet at åpenbarings kunnskapen, det profetiske og kraft gavene er tilstedeværende slik Gud vil i de forskjellige oppgavene. (1 Kor. 12) Ellers er det død forkynnelse.

Er det død forkynnelse åndelig, dør folket åndelig. Mennesker tar imot, godtar og har tillit stort sett til alt som blir presentert fra en prekestol. Det er som små barn som tar imot alt som blir dem gitt, de stoler på foreldrene som gir.

Åndelige Ledere og hyrder som" sjefer og kontrollører" i menigheten

Dette står det ingenting om. Derimot kommer det kraftig frem mange steder i Bibelen, ydmykhet, kjærlighet, tjenende sinn og eksemplets makt. Hyrden er i en hjelpende tjeneste, de er ikke den dominerende og ledende i en forsamling, felleskap, menighet, eklesia. De som vil oppleve at Gud bruker dem i noe av de forskjellige oppgavene jeg har nevnt, må stå i oppgaven med rett holdning og grunnlagt på et overgitt liv til Kristus Jesus. Hvis ikke er du kun en ødeleggende faktor, uansett hvor flink du er til å preke og fange menneskers interesse.

Jeg tar også med det som kalles nådegaver og tjenester.

" Det er forskjell på **nådegaver**, men Ånden er den samme,

Og det er forskjell på **tjenester**, men Herren er den samme;

Det er forskjell på kraftige virkninger, men Gud er den samme, som virker alt i alle.

Men Åndens åpenbarelse **gis** enhver til det som er gagnlig.

For en **gis** visdoms tale ved Ånden, en annen kunnskaps tale ved den samme Ånd;

En annen tro ved den samme Ånd, en annen **nådegaver** til å helbrede ved den samme Ånd,

En annen **kraft** til å gjøre undergjerninger; en annen profetisk gave, en annen **evne** til å prøve ånder, en annen forskjellige slags tunger, en annen tydning av tunger.

Alt dette virker den ene og samme Ånd, idet han utdeler til hver især etter som han vil.

For likesom legemet er ett og har mange lemmer, om de enn er mange, dog er ett legeme, således også med Kristus;" (1 Kor. 12, 4- 11)

Gaver som skal være tjenende til folket
Vi ser det er forskjellige navn på oppgavene."
Nådegaver" har ofte blitt katalogisert og benevnt fra Bibelen feil. Det samme med det som ofte blir kalt" tjeneste gaver"
Det som er det viktige over alt, er at vi forstår at alt dette som Gud gir, er for at vi skal tjene med disse Guds gaver i ydmykhet.

Se på hva Gud gjør, ikke hva vi tror vi kan.
Jeg har bodd og undervist i jungelen for brødre som hadde gått til fots i dagevis i umulig terreng for å komme frem dit hvor jeg var. De ville ha alt Herren hadde å gi dem igjennom meg.
Hvordan er din holdning når du møter brødre

som dette. Disse har ingenting av materielle «goder», vi har alt i vesten.

Skal Herren få oss der han vil, så er det mer enn nok Herren kan ta vekk fra våre liv, hvis vi vil komme videre i Åndelig vekst med ham.

Igjennom alle disse til dels harde oppgave med mer i ti år etter tiår, så forvandlet mitt liv seg mer og mer. Det var fordi jeg nærmest ble tvunget til å legge av meg ting i mitt personlige liv, hvis ikke jeg gjorde det, kom jeg ikke videre med Herren.

Igjennom et liv som dette kom åpenbaringene, kjødet fikk stadig påminnelser om ting som må legges ned. Kjødet må dø hvis åpenbaringene skal kunne leve i oss og kunne bære frukter.

Kristi Martyrium grunnfestet i deg

"at jeg i Ham er blitt gjort rik på alt, på all lære og all kunnskap,

Liksom Kristi vitnesbyrd (Martyrium) er blitt fotfestet i dere,

Så at det ikke fattes dere på noen nådegave mens dere venter på vår Herre Jesu Kristi åpenbarelse." (1 Kor. 5-7)

Åpenbaring og vitnesbyrd, Gresk martyrium

Det er kun en måte å komme i gang med en åndelig vekst i sitt liv. For det er i denne veksten åpenbaringene og karakterdannelsen ligger.
Dette går alltid hånd i hånd.
Dette får du ikke på noe annen måte. Som nevnt tidligere, du får det ikke gjennom håndspåleggelse, bønn eller ved profetiske ord. Du må omvende deg, legge livet ditt ned for Kristus og adlyde Kristi befaling, som gjelder oss absolutt alle. Og det er:

" Jesus: Gå derfor ut i all verden (Kosmos, Hebraisk og Gresk) og forkynn evangeliet for all skapningen." (Mark. 16, 15)

Dette gjelder oss absolutt alle. Du må finne det som er Herrens oppgave i ditt liv i henhold til denne befaling.

Ta utfordringene

Når du begynner å gå, begynner og ta utfordringene, møte motstanden, møter missforståelsene, da er du i gang. Da har du begynt å vandre på det Gud har gitt deg lys, åpenbaring over. Det er da motgangen kommer, som må til for troens styrking og vekst.

6

Skrift forklarer skrift - Kanal 7

Summen av dit ord er sannhet

" Summen av ditt ord er sannhet, og til evig tid står all din rettferdighets lov fast."
(Salme 119, 160)

NB; NB

Når vi som i åpenbarings kanal 1, legger ned kjødets gjerninger, slik at åndens frukter og åpenbaringer får mulighetene til å nå oss, er vi godt i gang. Denne åpenbarings kanalen kunne jeg gjerne lagt som nummer 2. Men jeg har valgt å legge den her. En del av dere som har passert nummer 1 er allerede i tjeneste i 2 til 6, Dere er der i utvikling samtidig som dere deler til Kristi legeme.

Åpenbarings kanal 7 som jeg er inne på nå, er kjempeviktig for oss alle uansett.

" som og gjorde oss dugelige til å være tjenere
for en ny pakt, ikke for bokstav, men for Ånd;
for bokstaven slår i hjel, men Ånden gjør lev-
ende!" (2 Kor. 3, 6)

Viktigheten av å leve i det åpenbarte

Forståelsen og viktigheten av å leve i det åpen-
barte, levende Guds Ord, har nå blitt en sannhet
og en levendegjøring for deg.

Det er kun Guds Ånd, åpenbaringens Ånd, den
Hellige Ånd, som gjør Guds Ord, Bibelen lev-
ende og forståelig for deg. Dette er kunnskap
som ligger på et mye høyere nivå enn
sansekunnskapen. Dette er åpenbaringskunnskap
med all sin visdom.

" men når han, sannhetens Ånd, kommer, skal
han veilede dere til hele sannheten; for han skal
ikke tale av seg selv, men det som han hører,
skal han tale, og de tilkommende ting skal han
forkynne/vise dere." (John.16, 13)

Med et alltid åpent liv mot himmelen

For at denne åpenbaringskanalen, skal være
virksom i ditt liv, må du alltid leve med et åpent,

lyttende rent helhetlig menneske, ånd, sjel og legeme mot Gud Fader.

Det må ikke være forstyrrelser på linjene

" Den som tror på meg; av hans liv skal det, som skriften har sagt, renne strømmer av levende vann.

Dette sa han om den Ånd som de skulle få som trodde på ham; for Ånden var ennå ikke kommet, fordi Jesus ennå ikke var herliggjort."
(Joh. 7, 38-39)
Ser du hvilke fantastiske muligheter for et liv i den Åndelige verden med den forståelse vi har.

Muligheten for åpenbaring, ligger i å tro Kristus som skriften foreskriver

Vi må tro på Kristus som skriften sier og vi må tro at Gud oppvakte Kristus ifra de døde.
Dette er de grunnleggende tros fundamentene for å komme videre inn i åndens verden.

Du må bli født på ny. Dette skriver jeg utdypende å tydelige om i flere av mine andre bøker. Et par nøkkelvers er Fork. 3, 11 og Ef. 2, 8.

"Paulus sa: for dersom du med din munn bek-
jenner at Jesus er Herre, og i ditt hjerte tro at
Gud oppvakte ham fra de døde, sa skal du bli
frelst (reddet for det evige livs virkeligheter her
og der i det himmelske)" (Rom. 10, 9)

7

Et felleskap (Koinonia, latin), de som møtes på torgene de utvalgte. (Ecclesia, Hebraisk og Gresk), er dette som også kalles menighet

Kanal 8

Et slikt felleskap er ment å være et felleskap av åpenbaring, autoritet og salvelse av den Hellige Ånd bygd på troen det skrevne Guds Ord, Bibelen. Ja, et felleskap i frigjøring av de himmelske ressurser.

Guds fullkomne vilje for de som har en særskilt oppgave i å nå de unådde øye til øye

"at dere i ham, I Kristus er gjort rike på alt, på all lære og all kunnskap,

Likesom Kristi Vitnesbyrd (Martyrium, Gresk) er blitt rotfestet i dere,

Så det ikke mangler dere noen nådegaver mens dere venter på vår Herre Jesu Kristi åpenbarelse," (1 Kor. 1, 5-7)

Gud Fader vil vi alle gjenfødte, skal komme til aldersmålet for Kristi fylde, i henhold til den oppgaven i med å nå menneskeheten med evangeliet har for oss, som gjenfødt enkelt individ.

Forskjell på åndelig utrustning og tro

Det vil da være forskjeller i oss av åndelig utrustning og tro. Dette vil strekke seg fra å være med i giver og bønnetjeneste til å være av de som står på barrikaden blant hedningene med tegn under og mirakler. Det er mengdevis av oppgaver imellom de jeg her nevnte, og alle er like viktige. Alle legemes deler på legemet er uunnværlige.

Kristi legemes delers uunnværlighet

Kristi legemes deler er alle uunnværlige, som de er det på et fysisk legeme.

Vitnesbyrd, martyrium, bevis, en bevis produsent av at Jesus er oppstanden ifra de døde

Det som vers 6 nevner spesielt, med å la Kristi vitnesbyrd, martyrium (Gresk), bevis, som skal være rotfestet i dere. Det betyr autoriteten, åpenbarings kunnskapen som kommer fram når man er et bevis produsent.

Dette gjelder spesielt de som jeg sa, står på barrikadene. Eller vil dette gjelde alle troende på sin måte, i sin hverdag, etter som de er villige til å la seg utvikle åndelig med Herren. Rotfestet skal vi i alt vi står i oppgave for Kristus med være.

" Men jeg, Paulus formaner dere, brødre, ved vår Herre Jesu Kristi navn at dere alle må føre den samme tale, og at det ikke må være splid iblant dere, men at dere må være fast i samme sinn og i samme mening." (1 Kor. 1, 10-11)

Mer og mer vi kommer inn i helliggjørelsen, mer og mer blir kjødet lagt ned og Åndens frukter blir synligere og synligere igjennom oss. Da vil også våre sinn og meninger bli mer og mer like. Dette er Herrens arbeid i oss som gjør.

" Dere er jo ennå kjødelige, for når det er avind og trette iblant dere, er dere da ikke kjødelige og vandrer på menneskelig vis?

For når en sier: Jeg holder meg til Paulus, og en annen: Jeg til Apollos, er dere da ikke mennesker?" (1 Kor. 3, 3-4)

Mer åpenbaring, autoritet og Åndens kraft i våre liv

Denne uttalelsen gjelder de som ennå ikke har kommet så langt på denne helliggjørelses prosessen som jeg taler om.

Det å holde seg til partier og uoverensstemmelser blir borte mer og mer etter som Kristus får mer og mer styring over livene våre. Da vil Åpenbaringen, autoriteten og åndens kraft også bli sterkere og sterkere i våre liv.

" Vet dere ikke at dere er Guds tempel og at Guds Ånd bor i dere?" (1 Kor. 3, 16)

Det er ikke for ingenting at helliggjørelsen er viktig

Det er ikke for ingenting at helliggjørelsen er så viktig, det er for å gjøre oss mer og mer lik Jesus Kristus. Slik at hans herlighet på alle nivåer kan virke igjennom våre liv til menneskeheten.

" For likesom legemet er ett og har mange lem-
mer, men alle legemets lemmer, om de enn er
mange, dog er et legeme, således er det også
med Kristus;

For vi er jo alle døpt med en Ånd til å være ett
legeme, enten vi er jøder eller grekere, enten vi
er træler eller frie; og vi har alle fått en Ånd og
drikke." (1 Kor. 12, 12-14)

Ydmykhetens viktighet
Enhver legemsdel på et menneske må leve sin
oppgave i ydmykhet for de andre lemmene. Blir
ikke det gjort, vil legemet bli sykt og til slutt dø.
På samme måte er det med Kristi legeme. Det at
vi lever våre liv i sann ydmykhet er av en høy
prioritet, gjør vi ikke det vil det skade Kristi leg-
eme. Graden av legemes deler som ikke er yd-
myke, gjør at skadene på legemet øker i omfang.

Visdommens viktighet.

Kjødelige troende
" Om da hele menigheten kommer sammen, og
alle taler med tunger, og det så kommer ukyndi-

ge eller vantro inn, vil de da ikke si at dere er fra dere selv?

Åndelige troende gjenfødte

Men om alle taler profetisk, og det så kommer inn en vantro eller en ukyndig, så refses han av alle og dømmes av alle,

Hans hjertes skjulte tanker åpenbares, og så vil han falle på sitt ansikt og tilbede Gud, og vitne at Gud sannelig er iblant dere." (1 Kor. 14, 23-26)

Her ser vi hvordan kjødelige troende ødelegger og helliggjorte troende gjenfødte åpenbarer og oppbygger. Ser du viktigheten og ansvaret som vi som troende gjenfødte har?

" Så er vi da sendebud i Kristi sted, som om Gud selv formante ved oss; Vi ber i Kristi sted: La dere forlike med Gud!" (2 Kor. 5, 21)

" Jesus Kristus er i går, og i dag den samme, ja til evig tid.
La dere derfor ikke føre på avveie ved mange forskjellige og fremmede lærdommer!"
(Heb. 13, 8 9)

Enda klarere kommer det fram, at Kristus i og igjennom oss til verden rundt oss er svaret. Enhver annen lære er vrang lære.

" Til frihet har Kristus frigjort oss; stå derfor fast, og la dere ikke atter legge under trelldoms åk!" (Gal. 5, 1)

Så la oss leve, vandre og dele den friheten Kristus har frigjort oss til.

Frimodig inn for nådens trone

Gjør vi dette, kan vi med all frimodighet komme inn for nådens trone. Med stor frimodighet søke kjennskap og felleskap med Gud Fader, Jesus Guds sønn og den Hellige Ånd.

" La oss derfor trede fram med frimodighet for nådens trone, for at vi kan få miskunn og finne nåde til hjelp i rette tid." (Heb. 4, 16)

Det kan ikke poengteres nok

Det kan ikke poengteres mange nok ganger, viktigheten av helliggjørelsen. Veien til all seier for Kristus igjennom oss som gjenfødte går kun der. Åndens kraft og visdom fra Gud, kommer aldri fram noe annet sted. Dette kan man ikke studere seg til. Det er kun et overgitt liv til Kristus som kan føre oss inn i dette. Enhver Guds man lever i helliggjørelse.

Helliggjørelses prosess er helt nødvendig, for å få Kristi legeme inn i åpenbaringens kunnskap, som er jordisk grensesprengende og himmelsk virkelig.

Alle som er utvalgt for en Ordets tjeneste, en forkynnende tjeneste, har sin del av ansvaret for å tilføre sin forståelse til Kristi legeme. Dette vil gjøre Kristi legeme sterkt. De vil få inn åpenbaringskunnskap fra forskjellige vinklinger, som igjen vil få mange i Kristi legeme videre inn i andre oppgaver enn de tidligere har hatt.

8

Den åpenbaringen som gjør deg sterkest i troen

Troens Åpenbaring på kjærlighetsmarken.

Kanal 9

"at dere i ham, I Kristus er gjort rike på alt, på all lære og all kunnskap,

Likesom Kristi Vitnesbyrd (Martyrium, Gresk) er blitt rotfestet i dere,

Så det ikke mangler dere noen nådegaver mens dere venter på vår Herre Jesu Kristi åpenbarelse," (1 Kor. 1, 5-7)

Jeg vil nevne litt mer om disse vers, som jeg også hadde med i begynnelsen av forrige kapitel. Det er spesielt kraft oppgavene, som mer enn noen andre trenes opp her. Dette gjelder da spesielt det vi gjenkjenner som Evangelister og apostler. I den grad en person også virker i andre forkynnende oppgaver, vil kraft oppgaven skinne igjennom.

I lære og sliping over hele verden med Herren i over 40 år

Disippel gjøring er noe vi hele livet går i, uansett hvor lenge vi har vært født på nye. Det vil også gjelde uansett hvilke oppgaver vi har for Jesus. Prosessene i våre liv har selvfølgelig hvert mest hjemme i Norge i familielivet med alle de valg og alt det ansvar som følger med der. Det er i familielivet en begynner å utvikle seg til en moden mann og moden kvinne for Kristus. Ja modenhet på alle plan.

" Å lære, avlegge, bli ikledd og motta åpenbaring, stå i Guds kraft mens man går" – eller lære mens man gjør

Dette grunnlaget ga meg også hjelp i oppgavene verden over, hvor jeg møtte sykdommer, demoner religioner, motstand på alle nivåer i ti år etter ti år.

Det er" å lære mens man går", det igjen vil også si" å avlegge kjødets natur mens man går" og ikle seg åndens frukter mens man går". " motta Åndens åpenbaringer mens man går".

Disse tingene er helt uadskillelige i veksten med Kristus i liv og i oppgaver. Disse tingene læres når man gjør de i praksis. Det er hva det hele dreier seg om. Da vil alle ting falle på plass etter hvert som vi er villige til å praktisere. Mer og mer vi praktiserer dette, sterkere og sterkere vil vi bli. Sterkere og sterkere vil vår personlighet bli i Herren Jesus.

Jeg begynte over hele verden som bare unge mannen, men jeg har aldri gitt opp.

Derfor har det også gått fremover på alle områdene som jeg snakker om, men det er fremdeles en lang vei å gå. Jeg vil anbefale dere å lese alle bøkene mine, da vil dere få en fyldig forståelse av det jeg her tar opp og nevner litt.

9

Triumfens øyeblikk
oppleves i åpenbaring

” Men tro er full visshet om det som håpes,
overbevisning om ting som ikke sees.

For på grunn av den fikk de gamle godt vitnes-
byrd.

Ved tro skjønner vi at verden er kommet i stand
ved Guds ord, så det som sees, ikke ble til av det
synlige.” (Heb.11, 1-3)

Forstår du dette?
**Troen i deg, blir kun virkelig igjennom Guds
åpenbaring personlig til deg**
Er ikke troen født inn i deg igjennom åpenbar-
ing, er det ingen tro. Alle forsøk på tro utenom
dette, er kjødets forsøk på å oppnå Åndelig
virkelighet.

Når Guds visshet og overbevisningen om ting som ikke ses, når ditt indre igjennom Guds åpenbaring, da har du det. Du vil oppleve å få tro på områdene Gud åpenbarer til deg. De områdene og ingen andre vil du ha Guds tro på. **Gud styrer våre liv med tro.**

" Derfor taper vi ikke motet, men om vårt utvortes menneske går til grunne, så fornyes dog det innvortes dag for dag.

For vår trengsel som er kortvarig og lett, virker/produserer eventuell herlighet (Strongs) for oss en evig en evig fylde av herlighet i overmål på overmål,

Så som vi ikke har det synlige for øye, men det usynelige; for det synelige er timelig, men det usynelige er evig." (2 Kor. 4, 16-18

Som du her ser - trengsler i livet, når du lever overgitt til Kristus, er et bevis på at du er på rett vei. Trengslene du møter på i livet, er en nødvendighet for Gud å bruke å forme og danne deg, slik at hans herlighet kan komme fram i deg mer og mer og ende opp i en herlighet i overmål.

Det som her er av høyeste viktighet, er at vi stoler på Gud og hans Ord, Bibelen og ikke på oss selv, ikke på vårt kjød.

Ordet gjør velsignet og levende, kjødet hjelper ingen ting, gir kun forbannelse.

" Så sier Herren: Forbannet er den mann som setter sin lit til mennesker og holder kjød for sin arm, og hvis hjerte viker fra Herren.

Velsignet er den mann som stoler på Herren, og hvis tillit Herren er." (Jer. 17, 5 og 7)

" For det glade budskap er og forkynt oss, likesom for dere; men ordet som de hørte, ble dem til ingen nytte, fordi det ikke ved troen var smeltet sammen med dem som hørte det.

For vi går inn til hvilen, vi som er kommet til troen," (Heb. 4, 2)

" Det er Ånden som gjør levende, kjødet gagner ingenting; de ord som jeg har talt til dere, er ånd og er liv." (Joh. 6, 63)

" Uten åpenbaring blir folket tøylesløst; men lykkelig er den som holder lover, adlyder Bibelens ord." (Ordspr. 29, 18)

Dere kjenner ikke skriftene, heller ikke Guds kraft

" Og de sendte noen av fariseerne og herodianerne til ham, Jesus, for å fange ham med ord.

Jesus sa til dem: Er det ikke derfor dere farer vill, fordi dere ikke kjenner, fornemme, oppfatte (Strongs) skriftene og heller ikke Guds kraft?" (Mark 12, 13 og 24)

" I begynnelsen var Ordet, og Ordet var hos Gud, og Ordet var Gud.

Han var i begynnelsen hos Gud.

Alt er blitt til ved Ham, og uten ham er ingenting blitt til av alt som er blitt til.

 I ham var liv, og livet var menneskenes lys.

Og lyset skinner i mørket, og mørket tok ikke imot det." (John. 1, 1-5)

"og jeg vil bede Faderen, og han skal gi dere en annen talsmann, for at han kan være hos dere evinnelig,

Sannhetens Ånd, som verden ikke kan få, for den ser ham ikke og kjenner, fornemmer, oppfatter ham ikke; dere kjenner ham, for han blir hos dere og skal være i dere." (John. 14, 16-17)

Kjenner er fornemme, oppfatte (Strongs). Det vi her snakker om er fra Ånden.

" Men dere skal få kraft idet den Hellige Ånd kommer over dere," (Apg. 1, 8)

Åpenbaringen og kraftens Ånd vil være over oss og vil inn i oss

Her er det du som må ta avgjørelsen. Vi du legge livet ned for Kristus. (Joh. 3, 30 – 35) og la han få gi deg det han ønsker

Åpenbaringen fra Gud gir deg troen

Det er klart for deg nå, åpenbaringer i Skriften, som levendegjør ordet for deg på en slik måte at du tror det. Når Gud har gitt deg tro for Ordet, da virker det når du bruker det i tro, i handling.

Dåpen i den Hellige Ånd gir deg kraften

Tar du imot en dåp i den Hellige Ånd, så har du all kraften tilgjengelig i deg også.

Kjennskap til skriftene åpenbart ved Guds kraft

" men talsmannen, den Hellige Ånd, som Faderen skal sende i mitt navn, han skal lære dere alle ting, og minne dere om alle ting som jeg har sagt dere." (John. 14, 26)

Jeg tar et par eksempler fra det Gamle Testamentet på det å adlyde Guds ord, som igjen gir lydighetens resultater, bønnesvar.

Vi ser Elias tale Herrens ord og vilje til Elisa, som Elisa måtte adlyde for å få bønnesvaret. Vi leser:

" Og femti av profetens disipler gikk av sted og ble stående midt imot dem langt borte; men selv stod de begge ved Jordan.

Da tok Elias sin kappe og rullet den sammen og slo på vannet, og det skilte seg til begge sider, og de gikk begge over på det tørre.

Bønnen

Da de nå var gått over, sa Elias til Elisa; **Si hva du ønsker jeg skal gjøre for deg før jeg blir tatt bort fra deg! Elisa sa: La en dobbel del av din ånd tilfalle meg!**

Bønnesvarets krav for oppfyllelse

Han svarte: Det er en stor ting du ber om; **hvis du ser meg når jeg blir tatt bort fra deg, skal du få det du ber om. Ellers får du det ikke.**

Mens de så gikk og talte sammen, kom det med en gang en gloende vogn og gloende hester og skilte dem fra hverandre; og Elias for i stormen opp til himmelen.

Guds åpenbaringens tro

Elisa fikk åpenbaringen fra Gud, Elisa så det, det ble virkelig for Elisa.

Elisa så det; da ropte han: Min far, min far, Israels vogner og ryttere! Og han så ham ikke mer. Da tok han fatt i sine klær og rev dem i to stykker.

Så tok han opp Elias kappe, som var falt av ham, og han vendte tilbake og stod ved Jordans bredd.

Guds kraft ble effektivisert

Og han tok Elias kappe, som var falt av ham, og slo på vannet og sa: Hvor er Herren, Elias Gud? Således slo Elisa på vannet, så det skilte seg til begge sider, og han gikk over.

Da profetenes disipler i Jeriko, som sto midt imot ham, så ham gjøre dette, sa de: Elias ånd hviler over Elisa. Og de kom ham i møte og bøyde seg til jorden for ham." (2 Konge 2, 1-15)

Kan du se det

Bønnen

Lydighet mot kravet for bønnesvaret

Det vil alltid være troens lydighet mot kravet/befalingen fra Gud.

Da blir Guds kraft effektivisert.

Vi leser videre:

" Kongen i Syria lå i krig med Israel; og han rådførte seg med sine menn og sa: På det og det sted vil jeg slå leir.

Men den Guds mann sendte bud til Israels konge og sa: Ta deg i vare for å dra forbi dette sted! For der vil syrerne dra ned.

Så sendte Israels konge folk til det sted som den Guds mann hadde nevnt for ham og advart ham for, og han tok seg i vare der. Dette hendte ikke bare en gang, men flere ganger.

Kongen i Syria ble meget urolig over dette; han kalte sine menn til seg og sa til dem: Kan dere ikke si meg hvem det er av vårt folk som holder med Israels konge?

Da sa en av hans menn: Det har seg ikke så, herre konge; **det er Elisa, profeten i Israel, som åpenbarer for Israels konge hvert ord du taler i ditt sovekammer.**

Han sa: Gå og se å få rede på hvor han er, så jeg kan sende folk dit og la ham hente! Da det så ble meldt ham at han var i Dotan,

Sendte han hester og vogner og en stor hær dit; de kom der om natten og omringet byen.

Og da denne Guds manns tjener tidlig om morgenen gikk ut, fikk han se at en hær med hester og vogner omringet byen. Da sa hans dreng til ham: **Å min herre, hva skal vi gjøre?**

Han svarte: Vær ikke redd! De som er med oss, er flere enn de som er med dem.

Og Elisa bad og sa: Herre! Opplat hans øyne, så han kan se! **Og Herren opplot drengens øyne, og han fikk se at fjellet var fullt av gloende hester og vogner rundt omkring Elisa."**
(2 Konge 6, 8-17)

Her ser vi igjen Bønnen. Hva gjør vi?
Og opplat drengens øyne, så han kan se.
Han så, fikk åpenbart bønnen og fikk svaret på drømmen levende gjort.

De som er med oss, er flere enn de som er med dem, han så Guds overlegne kraft

Åpenbaringen av Kristus setter de besatte fri
Vi går videre til Markus 5 og ser den fantastiske historien om den besatte som blir satt fri fra en legion av demoner.

" Og de kom over på den andre siden av sjøen, til Gerasenernes bygd.

Og da Jesus var gått ut av båten, kom det straks mot ham ut av gravene en mann som var besatt av en uren ånd.

Han hadde sitt tilhold der i gravene, og de kunne ikke lenger binde ham, ikke en gang med lenker;

For han hadde ofte vært bundet med fot - jern og lenker, og lenkene hadde han revet av seg, og fortjernene hadde han sønderslitt, og ingen kunne rå med ham,

Og han var alltid, natt og dag, i gravene og på fjellene og skrek og slo seg selv med steiner.

Og da han så Jesus langt borte, løp han til og falt ned for ham,

Og ropte med høy røst: Hva har jeg med deg å gjøre, Jesus, du den høyeste Guds sønn? Jeg besverger deg ved Gud at du ikke må pine meg!

For han sa til ham: Far ut av mannen, du urene ånd!

Og han spurte ham: Hva er ditt navn? Og han sa til ham: Legion er mitt navn; for vi er mange.

Og han bad han meget at han ikke måtte drive dem ut av bygden.

Men det gikk en svinehjord og beitet der ved fjellet,

Og de bad ham: Send oss inn i svinene, så vi kan fare i dem!

Og han gav dem lov til det. Og de urene ånder for ut og for inn i svinene; og hjorden styrtet seg ut over stupet ned i sjøen, omkring tusen i tallet, og druknet i sjøen.

Og de som gjette dem, tok flukten, og fortalte
det i byen og i bygden. Og folket kom ut for å se
hva som hadde hendt.

Og de kom til Jesus og så den besatte sitte påk-
ledd og ved sans og samling, han som hadde
vært besatt av legioner, og de ble forferdet.

Og de som hadde sett det, fortalte dem hvorledes
det var gått med den besatte, og om svinene.

Og de begynte å be ham at han ville dra bort fra
deres landemerker.

Og da han gikk i båten, bad den besatte om å få
være med ham.

Og han ga ham ikke lov, men sa til ham: Gå
hjem til dine og fortell dem hvor store ting Her-
ren har gjort imot deg, og at han har miskunnet
seg over deg!

Og han gikk bort og begynte å kunngjøre i
Dekapolis hvor store ting Jesus hadde gjort imot
ham; og alle undret seg." (Mark. 5, 1-20)

89

” Herrens Ånd er over meg, fordi han salvet meg
til å forkynne evangeliet for fattige; han har ut-
sendt meg for å forkynne fanger at de skal få fri-
het, og blinde at de skal få syn, for å sette under-
trykte i frihet,” (Luk. 4, 18)

” Derfor lider jeg også dette, men jeg skammer
meg ikke ved det; for jeg vet på hvem jeg tror,
og jeg er viss på at han er mektig til å ta vare på
det som er meg overgitt inntil hin dag.”
(2 Tim. 1, 12)

” Men det åndelige er ikke det første, men det
naturlige, deretter det åndelige.

Det første mennesket var av jorden, jordisk; det
annet menneske er av himmelen.

Sådan som den jordiske var, så er og de jordiske,
og sådan som den himmelske er, så skal og de
himmelske være,

Og likesom vi har båret den jordiskes billede, så
skal vi og bære den himmelskes bilde.”
(1 Kor. 15, 46-49)

Dette har vært min opplevelse over hele verden i 40 år

Det er fantastisk å lese disse historiene i Bibelen om Jesu utfrielses makt over alt der hvor han møter mørkets makter. Helt fra mine første møter i Afrika på 70 tallet, har demonene måtte adlyde da jeg kom. Det var ikke meg de adlød, men den oppstandne Guds sønn Jesus Kristus i meg.

Demonene fikk respekt

Etter hvert som jeg begynte å få mange opplevelser av dette, økte min tro på at dette virket igjennom mitt liv med styrke. Jeg fikk sikkerhet og trygghet i dette. Når demonene oppdaget min sikkerhet og trygghet i at jeg hadde makten over sykdommer og demoner i Jesu navn, begynte demoner å oppsøke de stedene jeg hadde møter. Over alt jeg hadde møter fikk jeg beskjeder via brev levert på plattform eller til hotell fra heksedoktorer. Eller de kom til møtene men holdt seg på avstand, men fikk sendt trussel beskjeder til meg. Når jeg kommer til punktet hvor jeg skal kaste ut demoner, begynner demonene å manifestere seg i mennesker, de begynner å komme ut før jeg får bedt.

Hvordan kan dette skje?

Det skjer fordi åpenbaringen av den seirende Kristus er i meg og jeg tror det.

Når det skrevne Guds ord blir levende gjort igjennom åpenbaring til deg og du tror det, da vil det virke igjennom deg.

Hvis demonene manifesterer seg når du dukker opp, da har du autoritet over dem og du kan kaste de ut. Manifesterer de seg ikke når du kommer, da har du ingen autoritet til å kaste de ut. Da har du ikke troen på det.

Hva velger du å bekjenne? Åpenbaringskunnskap eller sansekunnskap

Velg rett

Det å velge rett, er å ta det første skrittet ut i et liv i åpenbaring. Den bevisste strategiske linjen med ditt liv må legges først.

Du må ha en full forståelse og virkning av den nye fødsel og dåpen i den Hellige Ånd i ditt liv. Det er hos de omvendte til Kristus, som legger ned kjødets gjerninger i sine liv, som har denne målbevisste sannheten levende i seg. Basis virkelighetene må være på plass i livet ditt. Er de ikke det, vil du aldri komme inn i et nært forhold til Herren, ikke vil du ønske det. Det viser du med din uvillighet at du ikke vil. Åpenbaringskunnskap vil aldri komme din vei.

Villighets punkter
Omvendelse
Gjenfødelse
Dåp i den Hellige Ånd
Tro Bibelen slik den er skrevet

Dette er de grunnleggende villighets punkter.
Dette er punktene som må være i deg i sannhet.
Ut ifra dette ståsted, ligger mulighetene for et liv
i Guds åpenbaring av Bibelen.

Satan og demonenes manipulasjoner
Uten en solid forankring i det overnevnte, vil du
bli et lett offer for manipulasjon fra Satan og
demonenes side. Legger du sansekunnskapen til
grunn for alle dine avgjørelser, er du et lett offer.

" For falske messiaser og falske profeter skal
oppstå og gjøre store tegn og under, så at endog
de utvalgte skulle føres vill om det var mulig.

Se, jeg har sagt dere det forut.

Om de da sier til dere: Se, han er ute i ørkenen,
da gå ikke der ut; se, han er inne i kammeret, da
tro det ikke!

For som lynet går ut fra øst og skinner like til vest, således skal Menneskesønnens komme være." (Matt. 7, 24-26)

Du kan påberope deg frelse

Du kan si du er frelst, du kan si du har omvendt deg, du kan si du har sluttet med dårlige vaner. Dette er ting du har gjort i kjødet for å påberope deg frelse.

Du har ikke noen Bibelens ord, noen Guds ord for din omvendelse og frelse.

Hvis dette er slik du har det, så er du ikke frelst

Du er kun en «religiøs kristen», som påberoper seg å være noe en ikke er. Nemlig en levende gjenfødt kristen.

Du stoler kun på hva dine sanser forteller deg, din sansekunnskap. Åpenbaringskunnskap er et fremmed ord for deg.

Du styrer ditt liv med din vilje liv igjennom dine sanser, med ditt kjød.

" Så sier Herren: Forbannet er den mann som setter sin lit til mennesker og hilder kjød for sin arm, og hvis hjerte viker fra Herren.

Han skal bli som en hjelpeløs mann på den øde mark og ikke få se at det kommer noe godt; men han skal bo på avsides steder i ørkenen i et saltland som ingen bor i." (Jer. 17, 5-6)

Du må velge rett og velge selv

Det å stole på andre menneskers åpenbaringer, er farlig. For deg vil det ikke være annet enn å stole på sansene, stole på kjødet. Du må personlig gripe åpenbringene. Det er ingen mellom mann av kjødelig karakter her.

Du vil aldri få en mulighet til å komme inn i åpenbaringskunnskap med ditt eget liv, hvis ikke du velger rett og velger selv.

" Tro er full visshet om det som håpes, overbevisning om ting som ikke ses." (Heb. 11, 1)

Dette vil løfte deg ut av sansenes område og inn i Åndens område av åpenbaring.

Hele vår vestlige sivilisasjon har bygget alt på sansekunnskap. De har enten ikke kjent eller har forkastet åpenbaringskunnskapen. Mange har trodd på en religiøs kristendom. Livet er ikke i den, livet er i Jesus Kristus, når han er Herre i våre liv.

Religiøsitet, humanisme og ateisme har infiltrert seg i den vestlige kultur som en dyptgående sykdom.

" Taler jeg nå mennesker til vilje eller Gud? Eller søker jeg å tekkes mennesker? Søkte jeg ennå å tekkes mennesker, da var jeg ikke Kristi tjener.

Jeg kunngjør dere, brødre at det evangelium som er blitt forkynt av meg, ikke er menneske - verk;

For heller ikke jeg har mottatt det eller lært det av noe menneske, bare ved Jesu Kristi åpenbaring." (Gal. 1, 10-12)

Sannheten er enkel, men koster alt
Muligheten er absolutt din til et liv i åpenbaringskunnskap, men da må de overnevnte villighets punkter følges. Gjøres det, så er du på vei inn i det guddommelige livet i åpenbaringskunnskap.

De som er i kjødet, kan ikke tekkes Gud.

” Så er det da ingen fordømmelse for den som er
i Kristus Jesus;

For livet Ånds lov har i Kristus Jesus frigjort
meg fra syndens og dødens lov.

For det som var umulig for loven, idet den var
maktesløs ved kjødet, det gjorde Gud, idet han
sendte sin Sønn i syndig kjøds lignelse og for
syndens skyld og fordømte synden i kjødet,

For at lovens krav skulle bli oppfylt i oss, vi som
ikke vandrer etter kjødet, men etter Ånden.

For de som er etter kjødet, attrår det som hører
kjødet til, men de som er etter Ånden, attrår det
som hører Ånden til.

Fordi kjødets attrå er død, men Åndens attrå er
liv og fred,

Fordi kjødets attrå er fiendskap mot Gud – for
det er ikke Guds lov lydig, kan heller ikke være
det –

Og de som er i kjødet, kan ikke tekkes Gud.

Men dere er ikke i kjødet, men i Ånden, såfremt Guds Ånd bor i dere; men har noen ikke Kristi Ånd, da hører han ikke ham til.

Men er Kristus i dere, da er ved legemet dødt på grunn av synd, men ånden er liv på grunn av rettferdighet.

Men dersom hans Ånd som oppvakte Jesus fra de døde, bor i dere, da skal han som oppvakte Kristus fra de døde, også levendegjøre deres dødelige legemer ved sin Ånd, som bor i dere.

Derfor, brødre står vi ikke i gjeld til kjødet, så vi skulle leve etter kjødet;

For dersom vi lever etter kjødet, da skal vi d; men dersom dere døder legemets gjerninger ved Ånden, da skal dere leve." (Rom. 8, 1-13)

" Men jeg sier dere: Vandre i Ånden, så skal dere ikke fullbyrde kjødets begjæring

For kjødet begjærer imot Ånden, og Ånden imot kjødet; de står hverandre imot, så dere ikke skal gjøre det dere vil." (Gal. 5, 16-17)

" Men et naturlig menneske tar ikke imot det som hører Guds Ånd til; for det er ham en dårskap, og han kan ikke kjenne det, for det dømmes åndelig." (1 Kor. 2, 14)

" For ettersom verden ikke ved sin visdom, (sansekunnskap) kjente Gud i Guds visdom, (åpenbaringskunnskap) var det Guds vilje ved forkynnelsens dårskap å frelse dem som tror,

Ettersom både jøder krever tegn og grekere søker visdom, sansekunnskap," (1 Kor. 1, 21-22)

Kristus er virkeligheten
Dette er Guds fremstilling av fakta. Det hjelper ikke å studere filosofi, studere teologi eller søke" virkelighet", Kristus er virkeligheten (Joh. 14, 6)

" for at deres hjerter må bli trøstet, så de knyttes sammen i kjærlighet og når fram til hele rikdommen av den fullvisse innsikt, til kunnskap, åpenbaringskunnskap, om Guds hemmelighet, det er Kristus,

I hvem alle visdommens og kunnskapens, åpen-
baringskunnskapens skatter er skult til
stede." (Koll. 2, 2-3)

**Her er den sanne kunnskap, den Guds åpen-
barte kunnskapen**

" For legg merke til deres kall, brødre, at ikke
mange vise etter kjødet ble kalt, ikke mange
mektige, ikke mange høybårne;" (1 Kor. 1, 26)

" for jeg vil ikke vite noe iblant dere uten Jesus
Kristus og ham korsfestet.

Og jeg var hos dere i skrøpelighet og i frykt og i
meget beven,

Og min tale og forkynnelse var ikke med vis-
dommens, sansekunnskapens overtalende ord,
men med Ånds, åpenbaringskunnskap og kraft,
den Hellige Ånds krafts bevis" (1Kor. 2, 2-4)

" Men som skrevet er: Hva øye ikke så og øre
ikke hørte, og hva ikke kom opp i noe men-
neskes hjerte, hva Gud har gjort klart for dem
som elsker ham.

Men oss har Gud åpenbart det ved sin Ånd. Alle ting, også dybdene i Gud;" (1 Kor. 2, 9-10)

Dette er radikalt og rett på sak. Dette er visdom

Dette er den høyeste form for kunnskap, åpenbaringskunnskapen. Dette er kunnskapen som overgår enhver forstand.
(Filip. 4, 7, Ef. 3, 19-20)

" men vi har ikke fått verdens ånd, vi har fått den Ånd som er av Gud, for at vi skal kjenne det som er gitt oss av Gud,

Det som vi også taler om, ikke med ord som menneskelig visdom, sansekunnskap, lærer, idet vi tolker åndelige ting med åndelige ord.

Men et naturlig menneske tar ikke imot det som hører Guds Ånd til; for det er ham en dårskap, og han kan ikke kjenne det, for det dømmes åndelig;" (1 Kor. 2, 12-14)

Nå forstår du

Det er ikke mulig å bygge Guds type tro inn i mennesker eller en forsamling, med sansekunnskap i skriftene, i Bibelen.

Sansekunnskap kan ikke tro åpenbaring og mirakler. Sansekunnskap kan ikke tro det overnaturlige, det guddommelige Åndelige.

En kan være født på ny og leve i sansekunnskap i kjødet, så lenge det går. Vedkommende kjenner ikke det som er av Gud. Vedkommende er ikke fornyet i sitt sinn. Fornyet vekk fra det sanselige og over i det Gud Jehova Åndelige.

Orden på" kortene"

Her er det viktig å holde orden på" kortene". Vi har det Gud Jehova Guddommelige Åndelige, med stor Å, men vi har og det åndelige med liten å. Det er hele den åndelige virkelighet, som innebærer både Satans side, demonenes side og Gud Jehovas side. Der i denne åndelige virkelighet har vi Guds Ånd med stor Å og Satan og demonenes ånd med liten å.

" Og skikk dere ikke lik med denne veden, men bli forvandlet ved fornyelsen av deres sinn, så dere kan prøve hva som er Guds vilje: de gode og velbehagelige og fullkomne!" (Rom. 12, 2)

Den eneste løsningen er å villighets punktene på plass

En må omvende seg, bli født på ny og Jesus må være ens Herre. Det å ha Jesus som Herre, er det samme som å ha det skrevne Guds Ord som Herre i sitt liv. I den grad vi erkjenner Ordets herredømme, vil Åndens lys gå opp for oss.

Vi skal bryte ned sansekunnskapens tankebygninger

Vi skal bryte ned dens kunnskap og med vår vilje liv akseptere Guds åpenbarings kunnskap i stedet. Dette er åndelig krigføring.
Det er umulig å utvikle tro med sansekunnskap, med forstands tro på tronen.
Å lytte til fornuft, vil aldri bringe troen på Bibelens ord.

" For om vi enn vandrer i kjødet, så strider vi dog ikke på kjødelig vis;

For våre stridsvåpen er ikke kjødelige, men mektige for Gud til å omstyrte festnings – verker,

Idet vi omstyrter tankebygninger og enhver høyde som reiser seg mot kunnskapen, åpenbar-

ingskunnskapen om Gud, og tar enhver tanke til
fange under lydigheten mot Kristus,"
(2 Kor. 10, 3-5)

Sansekunnskapen er kun rettet mot hva men-
nesker, kjødet kan gjøre.
Åpenbaringskunnskap rettes mot hva Gud Jeho-
va kan gjøre.
Åpenbaringskunnskap er rettet mot Guds Ord
som er og blir til evig tid.

" Så sier Herren: Forbannet er den mann som
setter sin lit til mennesker og holder kjød for sin
arm, og hvis hjerte viker fra Herren.

Han skal bli som en hjelpeløs mann på den øde
mark og ikke få se at det kommer noe godt; men
han skal bo på avsvidde steder i ørkenen, i et
saltland som ingen bor i.

Velsignet er den mann som stoler på Herren, og
hvis tillit Herren er

Han skal bli som et tre som er plantet ved vann
og skyter sine røtter ut ved en bekk, og som ikke
frykter når heten kommer, men alltid har grønne

blad, og som ikke sørger i tørre år og ikke holder opp å bære frukt." (Jer. 17, 5-8)

Mulighetene for oss alle til et liv i Guds plan og hans rike velsignelser, er tilgjengelig for oss. Men vi må gå Guds vei for å få del i.

11

Gi liv & proklamer åpenbaring

Hvilke vidunderlige muligheter vi har som gjen-
fødte troende. Vi kan vise verden og gi verden,
igjennom åpenbaring fra Gud Jehova, liv og
åpenbaringens givende forståelse av Guds ord og
løfter.
Dette er den store forskjellen imellom religion
og Kristendom. Den store forskjellen imellom
Sansekunnskap og åpenbaringskunnskap, det
evige livets natur.

” Jesus sa til ham: Jeg er veien sannheten og
livet; ingen kommer til Faderen uten ved meg.”
(Joh. 14, 6)

Kristus er åpenbaringen av sannheten og livet.
Dette er ingen religiøs menneskelig utleggelse,
men et åpenbaringens innsyn og kunnskap fra
vår Gud i himmelen.

” Tyven kommer bare for å stjele og myrde og ødelegge; heg er kommet for at de skal ha liv og ha overflod.” (Joh. 10, 10)

Det er den guddommelige tilfredsstillelsen, forståelsen og overfloden vi mottar til vår ånd, sjel og legeme. Dette formidles til oss igjennom åpenbaring, fra vår Herre og frelser Jesus Kristus.

” Vi vet at vi er gått over fra døden til livet, fordi vi elsker brødrene; den som ikke elsker, blir i døden.

På det kjenner vi kjærligheten at han satte sitt liv til for oss; også vi er skyldige å sette livet til for brødrene.” (1 John. 3, 14 og 16)

Vi må være Jesus personer

Skal disse funksjonene igjennom åpenbaringens kunnskap, begynne å manifestere seg igjennom oss, må våre liv leves med Jesus som Herre. Vi må bli Jesus personer, vi må være mennesker som Satan, demoner og alle mennesker opplever at Kristus lever i. Hør hva Peter sa:

" Men Peter sa: Sølv og gull eier jeg ikke, men **det jeg har, det gir jeg deg**: I Jesu Kristi nasareerens navn – stå opp og gå!" (Apg. 3, 6)

Det vi har mottatt, gir vi videre, den fysiske manifestasjonen av den åndelige åpenbaring
Vi må være mennesker som taler i åpenbaring av Guds fullkomne vilje. Det er Levendegjørelsen av det skrevne Guds Ords løfter i Bibelen, Guds Ord. Det vi har mottatt, gir vi videre.
Peter hadde ikke noe skrevet Ny Testamente å følge, men han var en demonstrasjon av det. Vi har det skrevne Ny Testamente og vi skal også være en demonstrasjon av det. Hør:

" Men dere skal få kraft idet den Hellige Ånd kommer over dere, og dere skal være mine vitner både i Jerusalem og i hele Judea og Samaria og like til jordens ende." (Apg. 1, 8)

" og lærer dem å holde alt det jeg har befalt dere. Og se, jeg er med dere alle dager inntil verdens ende." (Matt. 28, 20)

Ser du? Kraften er oss gitt i dåpen i den Hellige Ånd, til å være en demonstrasjon av Kristi seier og oppstandelse ifra de døde, inntil verdens ende.

Dine omgivelser omskapes gjennom åpenbaring

" Han talte og det skjedde, han bød og det sto der." (Salme 33, 9)

Gud er en skapende Gud. Det å skape, er jo å få frem ting ut av ingenting. Derfor er det i denne sammenhengen nødvendig for oss å se tingene slik Gud Jehova ser dem.

1
Se tingene slik Gud ser deg

" Gud sa" (1 Mos. 1)

Guds kreative natur, Guds åpenbarings natur, ser vi fra det første kapitler i Bibelen i funksjon. La oss lese fra Hebreer brevet.

" Guds ord er levende og kraftig og skarpere enn noe tveegget sverd, og det trenger igjennom, inntil det kløver ånde, ledemot og marg, og dømmer hjertets tanker og råd," (Heb. 4, 12)

Først skaper Gud oss i det åndelige, så danner han et legeme av jordens muld (adama, Hebraisk). Så kan han om nødvendig arbeide i det dannede legemet helt ned i de minste mikro detaljer. Han skaper i makro og han skaper i mikro, og i alle måle enheter mindre enn mikro.
Her har vi alt Gud har, og det er tilgjengelig for oss hvis vi ser det og tror det.

2
Det Gud åpenbarer for deg, tror du
" Men uten tro er det umulig og tekkes Gud, for den som kommer fra for Gud, må tro at han er til og at han lønner den som søker Ham.
Vi må tro vi taler Guds skapende Ord.

" Tro er full visshet om det som håpes, overbevisning om ting som ikke ses." (Heb. 11, 1)

Vi ser tingene slik Gud ser dem, vi ser, forstår og tror Guds åpenbaring til oss.

” I begynnelsen var Ordet, og Ordet var hos Gud, og Ordet var Gud.” (Joh 1, 1)

Vi må se slik Gud ser, vi må se slik Guds Ord sier.

De himmelske krefter må aktiviseres slik Gud har forordnet det, hvis ikke, blir de aldri aktivisert. Når vi taler ut det åpenbarte Ordet, det åpenbarte skrevne Guds Ord. Da tror vi det på Guds måte og det talte Ordet blir en virkelighet fysisk. Vi tar salme 33, 9 igjen.

” Han talte (det åpenbarte, det levende, med virkekraften i seg, med Guds natur i seg) og det skjedde, han bød og det sto der.” (Salme 33, 9)

” For alle dem som tok imot Ham, ga han rett (kraft, Gresk) til å bli Guds barn.” (Joh 1, 12)

” For ordet om korset er en dårskap for den som går fortapt, men for oss som blir frelst er det en Guds kraft.” (1 Kor. 1, 18)

Guds Ånde er skapende, sansenes og Satans ord er drepende

Det er kun det levende gjorte Ordet fra Guds Ånds verden som er skapende. Det er den virkelig gjørende åpenbaringskunnskapen.

Dårskapens tale, er sansekunnskapens døde forståelse av de samme ord. De henter kun sin forståelse fra jorden (adama), fra sansene, påvirket av Satans tanker.

Guds Ords tale, åpenbaring, er alltid kraftfulle, skapende og autoritative

3

Forandring av omgivelsene, starter alltid med deg

" Jesus sa: For hva hjertet flyter over av, taler munnen." (Matt. 12, 34)

Skal du forandre dine omgivelser, så må forandring først og fremst starte med deg selv. Det er det du har i deg, det er den du er. Det er den du er, som vil være det utslagsgivende.

Du kan forsøke være noe annet, men den du er kan ikke skjules. Det er bare et tidsspørsmål før det blir avslørt. Det kan vi se fra retts saker og forhør hos politiet. I hovedsak, kommer sannheten fram til slutt.

Hør på dette Bibel stedet.

" Om noen taler, han tale som Guds Ord."
(1 Peter 4, 11)

Hvis ditt liv leves i overgivelse til de Herre Jesus, så lever du ditt liv overgitt til Hans Ord. Da vil det være hans ord i deg som regjerer deg. Da vil Hans Ord i deg være ditt reaksjonsmønster.

" Tungen er et lite lem, men taler store ord."
(Jakob 3, 4-6)

Det du taler former deg selv, og gir ut en atmosfære som former dine omgivelser.
Er din tale negativ, vil tingene rundt deg få en negativ påvirkning og karakter. Taler du positivt, vil dine omgivelser bli påvirket av det positive og forme en positivitet rundt deg.
Taler og tror du det åpenbarte Guds Ord til deg? Hva tror du da vil skje? Jo, da vil du skape en atmosfære og en fysisk vireklighet av de åpenbarte Guds Ord du taler.

4

Tre skritt til forvandling

Tenk

Hva tenker du? Tenker du i linje med Guds Ord, Bibelen? Eller lar du omgivelsene på virke dine følelser og ditt tankesett, slik at dine omgivelser blir det som styrer deg.

" Min sønn! Glem ikke min lære og la ditt hjerte bevare mine bud!

La ikke kjærlighet og trofasthet vike fra deg, bind dem om din hals, skriv dem på din hjertets tavle!

Sett din lit til Herren av hele ditt hjerte, og stol ikke på din forstand!

Tenk på Ham på alle dine veier! Så skal han gjøre dine stier rette.

Vær ikke vis i egne øyne, frykt Herren og vik fra det onde!" (Ordspr. 3, 1,3,5-7)

" Min sønn! Akt på mine ord, bøy ditt øre til min tale!

La dem ikke vike fra dine øyne, bevar dem dypt i ditt hjerte!

For de er liv for hver den som finner dem, og legedom (medisin, karakter, Strongs), for hele hans legeme" (Ordspr. 4, 20-22)

" Bli forvandelt ved fornyelsen av deres sinn" (Rom 12, 2)

" For å hellige den," menigheten, idet han renset den ved vannbadet i ordet." (Ef 5, 26)

Gjennom Guds åpenbaringer til deg, vil Guds hensikt med ditt liv, bli en virkelighet i deg
Ser du hvor grundig Gud går til verks igjennom sitt eget ord, Bibelen. Dette gjør han nettopp for at du skal få alt på rett plass i ditt indre menneske og i balanse med Hans skrevne ord, Bibelen.
Det er en guddommelig hensikt med dette. Han ønsker at du igjennom hans åpenbaringer og levende ord til deg, skal bli den sterke person-

ligheten i det sjelelige og det åndelige, som han
har planlagt for deg.

Tal

" Ordet er deg nær, i din munn og i ditt hjerte,
det er troens (det åpenbarte) ord som vi forkyn-
ner." (Rom10, 8-9)

" Det hjerte flyter over av, taler munnen."
(Matt.12,34)

" Og de har seiret over ham, i kraft av lammets
blod og de ord de vitnet (martyrium)"
(Åp 12, 11)

" Den yppersteprest vi bekjenner" (Heb. 3, 1)

**Vi må kommet til punktet der åpenbaringen
slår inn**

Hvis vi kun taler ord fra Bibelen fordi vi er enige
med det, så kan det være en ringe begynnelse på
en vandring med Herren. Men det må meget
raskt komme videre fra det ståstedet. Det ståst-
edet er ene og alene religiøst. Det er et Kristent
Bibel religiøst stå sted, som ikke fører deg noe
sted.

Vi må komme til punktet hvor det skrevne Guds Ord blir levende gjort, åpenbart i oss og igjennom oss til den verden som er rundt oss.
Dette forklarer jeg om i kapitel 10, villighets punktene.

Villighets punkter
Omvendelse
Gjenfødelse
Dåp i den Hellige Ånd
Tro Bibelen slik den er skrevet

Handle
" Vis meg din tro uten handlinger, uten vitnesbyrd (Martyrium), og jeg skal vise deg min tro av mine handlinger." (Jakob 2, 18)

" Og i Lystra satt det en mann som ikke hadde makt i føttene, da han var vanfør fra mors liv av, og som aldri hadde kunnet gå

Han hørte Paulus tale; denne så skarpt på ham, og da han så at han hadde tro til å bli helbredet, sa han med høy røst:

Reis deg og stå opprett på dine føtter! Og han sprang opp og gikk omkring." (Apg. 14, 8-10)

Nøyaktig det samme som historien

Nøyaktig det samme som den historien forteller oss, har jeg opplevd mange ganger i tjenesten for Gud verden over i tiår etter tiår. Det har skjedd på litt forskjellige måter, men det er nøyaktig på den samme måten som historien beskriver det.

Jeg handlet på min tro

Igjennom forkynnelsen handlet jeg på min tro, som jeg hadde tilegnet meg gang etter gang, år etter år igjennom åpenbaring fra Gud i det fysiske eller gjennom levende gjøring av ordet direkte under studier. Dette forklarer Ordspråkene i det tredje og fjerde kapitlet på en ypperlig måte.

Nå forkynte jeg helbredelsens Ord fra Bibelen djervt og oppmuntret til handling på det. Jeg hadde den innbakte troen på Ordet, gjennom mange års trening, erfaring og åpenbaring.

Den unge gutten med polio som ikke kunne gå, India

På bakken rett foran plattformen satt en gutt som hadde polio. Hans lår og legger var så tynne som de kunne bli. Jeg så på gutten, at han grep og trodde de ord om helbredelse jeg forkynte fra Bibelen.

Han kjente livet i min tro, tro er åndelig.
Jeg ropte til ham: stå opp på dine føtter og gå. Jeg ropte 3 ganger og han forsøkte 3 ganger å komme opp. Den tredje gangen gikk det greit. Jeg oppmuntret han hele tiden med Guds løfter i bibelen. Til slutt gikk han rundt på møte området og takket Jesus for sin helbredelse,

Han grep Ordet, ha mottokk åpenbaringen av det og trodde det, ja handlet på det
Den unge gutten kjente den levende troen, det levende Ordet, det åpenbarte Ordet, Bibelens Ord, kom hans vei.
Det gjorde at han kunne gripe det, ja tro det og det gjorde han. Han trodde Ordet og gjorde Ordet, han handlet på det. Han satte Ordet ut i fysisk praksis.
Før han visste ordet av det, var han opp og gikk. Han var helbredet.

Her ser vi den guddommelige troens handling fungere, ikke" overmodighets troen", den som innbiller seg å ha ne den ikke har.

Du høster det du sår

Jeg synes dette er så fantastisk. Først lar du den guddommelige Åndelige troen få muligheten til å vokse frem i deg, igjennom det skrevne Guds ords åpenbaring og åpenbaringen i den praktiske utøvelsen av Guds Ords løfter. (1 Kor 1, 6)
Du sår og sår, plutselig så begynner høsten å komme. Etter hvert blir høsten mer og mer stabil og din såing mer og mer mål rettet. Du har ikke gitt opp, du har gitt Gud rett hele veien. Åpenbaringene begynner bokstavelig talt å velle innover deg i din fysiske utøvelse av det åndelige Guds Ord, Bibelens Ord.

" At dere i Ham, i Kristus, er gjort rike på alt, på all lære og all kunnskap, åpenbaringskunnskap,

Likesom Kristi vitnesbyrd, (martyrium) har blitt grunnfestet i dere" (1 Kor. 1, 5-6)

Martyrium

Fra gresk betyr Martyrium en som legger fram håndfaste bevis om at den han taler er sant. Når dette gang etter gang virker i ditt liv, blir du mer og mer fundamentert i disse sannheter. Du ser det skrevne Guds Ord blir virkeliggjort i den fysiske verden rundt deg gang etter gang. Da blir din tro klippefast på dine troens opplevelser, åpenbaringer av disse sannheter.

Sår du troens guddommelige åpenbaringer, vil det også være troens guddommelige innhøstninger du vil motta, gjennom menneskers helse, frelse og utfrielse.

" For det som et menneske sår, skal han også høste." (Gal 6, 7-8)

" Dere har pløyd ugudelighet, dere har og høstet ugudelighet." (Hos. 10, 13)

" Etter det jeg har sett, har de som pløyes urett og sådd nød, også høstet det." (Job 4, 8)

" Løft deres øyne og se, markene er alt hvite til høst." (John. 4, 35)

Vi er skapt til helse og overflod

" Du elskede, jeg ønsker at du i alle deler må ha
det godt, og være ved god helse, liksom din sjel
har det godt." (3 Joh. 2)

" Det er Ånden som gjør levende, kjødet hjelper
ingen ting; De ord som jeg har talt til dere, er
ånd og er liv." (Joh. 6, 63)

" Jeg har kommet for at dere skal ha liv og liv i
overflod." (John. 10, 10)

**Følger vi kjødet og sansenes vei, vil vi aldri
oppleve åpenbaring.**
Derimot følger vi Guds Ånds vei, som er Ordets
vei, Bibelens Ords vei, vi Guds Ånd åpenbare og
levende gjøre Ordet for oss. Vel og merke når vi
følger

Villighets punktene som jeg har nevnt to
ganger.
Det er nøye klarlagt i Bibelens Ord, hva vi må
gjøre for å komme inn i livet med det levende
gjorte Guds Ord, det åpenbarte Guds Ord.

" Jesus sa: Den som tror på meg som skriften har sagt, av hans liv skal det renne strømmer av levende vann." (John. 7, 38)

Alt kommer til deg igjennom åpenbaring

Les alle versene om velsignelse og forbannelse som jeg under henviser til.

Velsignelsene

" Dersom du nå hører på Herrens, din Guds røst, så du akter vel på å holde alle hans bud, som jeg gir deg i dag, da skal Herren din Gud heve deg høyt over alle folkene på jorden.

Og alle disse velsignelser skal komme over deg og nå deg, så sant du hører på Herren din Guds røst:" (5 Mos. 28, 1-14)

Forbannelsen

" Men dersom du ikke hører på Herren, din Guds røst, så du akter vel på å holde alle hans bud og hans love, som jeg gir deg i dag, da skal alle disse forbannelser komme over deg og nå deg:"
(5 Mos. 28, 15 - 68)

La Gud få føre deg inn i åpenbaringens overflodsliv

Ved å følge villighets punkter skal du få se at åpenbaring fra Gud vil begynne å bli en del av ditt liv, hvis du vil tro det.

13

Tro & åpenbaring

" Da åpenbarte en Herrens engel seg for Moses i en luende ild, midt ut av en tornebusk; og han så opp, og se, tornebusken sto i lys lue, men tornebusken brente ikke opp

Da Herren så at han gikk bort for å se, ropte Gud til ham midt ut av tornebusken og sa: Moses, Moses! Og han svarte: Ja, jer er jeg.

Da sa han: Kom ikke nærmere, dra dine sko av dine føtter! For det std dus tår på, er hellig jord (adama).

Så gå nå du av sted, jeg vil sende deg til Farao, og du skal føre mitt folk, Israels barn, ut av Egypten!

Og Gud sa til Moses: Jeg er den jeg er; og han sa: Så skal du si til Israels barn:" Jeg er" har

sendt meg til dere.”
(2 Mos. 3, 2, 4 – 5, 10 og 14)

” Og da denne Guds manns tjener tidlig om
morgenen gikk ut, fikk han se at en hær med
hester og vogner omringet byen. Da sa hans
dreng til ham: Å min herre, hva skal vi gjøre?

Han svarte: Vær ikke redd! De som er med oss,
er flere enn de som er med dem.

Og Elisa ba og sa: Herre! Opplat hans øyne, så
han kan se! Og Herren opplot drengens øyne, og
han fikk se at fjellet var fullt av gloende hester
og vogner rundt omkring Elisa.”
(2 Konge 6, 15 – 17)

” Og Herrens engel åpenbarte seg for Gideon og
sa: Herren er med deg du djerve kjempe!

Gå av sted, så sterk som du er, så skal du frelse
Israel av Midjanittenes hånd; har jeg ikke sendt
deg?” (Dom. 6, 12 og 14)

Her ser vi helt klart at ingen satte seg i bevegelse uten åpenbaring

Åpenbaringen gir deg tro.

Troen gir deg djervhet.

Djervheten får deg til å akseptere Ordet.

Du handler på Ordet åpenbaring.

" Hvorledes kan de påkalle den som de ikke tror på? Og hvorledes kan de tro der de ikke har hørt? Og hvorledes kan de høre uten at det er noen som forkynner?" (Rom. 10, 14)

Det første som må skje, er at vi kommer under forkynnelse av Guds åpenbarte ord. Dette poengterer neste skriftsted kraftig.

" Så kommer da troen av forkynnelsen, og forkynnelsen ved Kristi ord;" (Rom. 10, 17)

" Tro er full visshet om det som håpes, overbevisning om tings om ikke ses." (Heb. 11, 1)

Her ser vi troen kommer av Kristi ord. I noen Bibel oversettelser ser vi det står Guds Ord. Guds ord er det teologiske skrevne, som vi finner i Bibelen. Kristi Ord, er et åpenbarte

skrevne Guds ord. Det er det ord som da blir
Ånd og liv til oss, som blir det levende gjorte
Ordet til oss.

" men som skrevet er: Hva øye ikke så og øre
ikke hørte, og hva ikke oppkom i noe menneskes
hjerte, hva Gud har beredt for dem som elsker
Ham.

Men oss har Gud åpenbart det ved sin Ånd. For
Ånden ransaker alle ting, også dybdene i Gud;

For hvem iblant mennesker vet hva som bor i
mennesket, uten menneskets ånd, som er i ham?
Således vet heller ingen hva som bor i Gud, uten
Guds Ånd;

Men vi har ikke fått verdens ånd, vi har fått den
Ånd som er av Gud, for at vi skal kjenne det som
er gitt oss av Gud,

det som vi også taler om, ikke med ord som
menneskelig visdom, kunnskap, lærer, men med
ord som Ånden lærer, idet vi tolker åndelige ting
med åndelige ord.

Men et naturlig menneske tar ikke imot det som
hører Guds Ånd til; for det er ham en dårskap,
og han kan ikke kjenne det, for det dømmes ån-
delig;" (1 Kor 2, 9 – 14)

Høvedsmannen som skjønte troens metodikk
" Men da Jesus gikk inn i Kapernaum, kom en
høvedsmann til ham og ba ham og sa:

Herre! Min dreng ligger verkbrudden hjemme og
pines forferdelig.

Jesus sa til ham: Jeg vil komme og helbrede
ham.

Men høvedsmannen svarte og sa: Herre! Jeg er
for ringe til at du skal gå inn under mitt tak; men
si bare et ord, så blir min dreng helbredet!

For jeg er også en mann som står under
overordnede, men har stridsmenn under meg ig-
jen; og sier jeg til den ene: Gå! Så går han, og til
en annen: Kom! Så kommer han, og til min tjen-
er: Gjør dette! Så gjør han det.

Men da Jesus hørte dette, undret han seg, og sa
til dem som fulgte ham: Sannelig sier jeg dere:
Ikke engang i Israel har jeg funnet så stor en
tro." (Matt 8, 5 – 10)

Troens lydighet
Ut ifra sin egen livs situasjon forsto høvedsman-
nen dette med underordning og delegering av au-
toritet. Han visste at dette fungerte, hvis vi var
villige leve i lydighet under vår overordnede. Da
er det snakk om troens lydighet som føder resul-
tater.

Guds ord er levende, hvis vi tror det
" For Guds ord er levende og kraftig og skarpere
enn noe tveegget sverd og trenger igjennom, in-
ntil det kløver sjel og ånd, ledemot og marg, og
dømmer hjertets tanker og råd," (Heb. 4, 12)

Peter trodde Kristi Ord, ha ga det, den lamme
trodde det han hørte og tok det imot og var hel-
bredet.

" Men Peter sa: Sølv og gull eier jeg ikke; men
det jeg har, det gir jeg deg: I Jesu Kristi nasa-
reerens navn – stå opp og gå!" (Apg. 3, 6)

Er det to parallelle skapelser, eller hva?
Jorden, Ordet, Ånden og mennesket

Jeg husker tilbake til 1979, da jeg talte I en Metodist kirke I Norge. Noen dager tidligere, var det noe i Bibelen som hadde begynt å gi meg en utfordring.

Er det to skapelser eller bare en?
Det talte ordet

Jeg "så" to skapelser I de to første kapitlene I 1 Mos, 1 ble alt talt till liv, I det siste verset I kapittelet, så Gud at alt han hadde talt til liv var bra.

 "Og Gud så på alt han hadde gjort, og se, det var såre godt." (1 Mos 1, 31)

Jeg gikk videre til kapittel 2 og vers 5, hvor det er skrevet at" ingen markens busk på jorden hadde ennå kommet frem … " (1 Mos. 2, 5)

Nå forsto jeg ingenting. Jeg sa til Gud, dette må du gi meg en åpenbaring på. Dette må jeg forstå. Dagen etter kom åpenbaringen.

1

Det talte Guds ord, det skrevne Guds ord, Guds ord Bibelen

I kapittel viste Gud meg at det kun dreide seg om det talte Guds Ord, på samme måte og med samme autoritet som vi i dag har det skrevne Guds Ord Bibelen.

2

Det åpenbarte Guds ord

I Kapittel 2 vers 5 og 7 Viste Gud meg at det skrevne Guds Ord alene ikke er nok. Det skrevne Guds Ord må bli åpenbart og levende gjort ved den Hellige Ånd, ved Guds Ånd.

Vers 5 forteller meg ast det ikke hadde kommet noe regn enda. Da gikk et lys gikk opp for meg, her kom en åpenbaring, vannet er et bilde på den Hellige Ånd, Guds Ånd. Da forsto jeg at Guds Ånd måtte levende gjøre de døde ordene. Slik at de kan bli de levende Guds Ord.

3

Den levendegjørende Ånden

"Men det hadde ennå ikke regent på jorden", det var heller ikke nok, det måtte også komme" et

menneske som kunne dyrke jorden."
(1 Mos 2, 5)

4

Mennesket, redskapet

Det måtte komme et menneske som den Hellige
Ånd kunne arbeide igjennom.
Bibelen sier videre i vers 5, "det var ikke noe
menneske til å dyrke jorden"
Nå som mennesket hadde kommet, var alle ele-
mentene nødvendig på plass. Ordet – Ånden –
mennesket – nede på jorden. Alle nødvendige
elementer var til stede (vers7). Fra 1 Mos kapitel
2 vers 7 og til vers 14, ser vi alle ting skje.
Her ser jeg helt klart at på den samme måten
Gud brukte for å skape fra den første dag, er den
samme måten Jesus underviste disiplene på i
evangeliene for å få ting til å skje.
 "Jesus sa: Alt er mulig for den som tror."
(Mark. 9, 23)

Tro er et verb, alle verber er handlingsord. Så
hva dette sier er: – Ta det skrevne Guds Ord,
handle på det,
den Hellige Ånd vil levende gjøre det, den Hel-

lige Ånd vil la det bli en virkelighet i den fysiske verden.

Her er ordets oppskrift for å komme inn i åpenbaringskunnskapen

Jeg gjentar Bibelsteder fra tidligere kapitel.

" Min sønn! Glem ikke min lære og la ditt hjerte bevare mine bud!

La ikke kjærlighet og trofasthet vike fra deg, bind dem om din hals, skriv dem på din hjertets tavle!

Sett din lit til Herren av hele ditt hjerte, og stol ikke på din forstand!

Tenk på Ham på alle dine veier! Så skal han gjøre dine stier rette.

Vær ikke vis i egne øyne, frykt Herren og vik fra det onde!

Det skal være legedom for din kropp og gi ny styrke til dine ben." (Ordspr. 3, 1,3,5-8)

" Min sønn! Akt på mine ord, bøy ditt øre til min tale!

La dem ikke vike fra dine øyne, bevar dem dypt i ditt hjerte!

For de er liv for hver den som finner dem, og legedom (medisin, karakter, Strongs), for hele hans legeme" (Ordspr. 4, 20-22)

Nå vil livet i Bibelen bli en realitet, åpenbaring vil komme din vei.

" Tro er full visshet om det som håpes, overbevisning om ting som ikke ses." (Heb. 11, 1)

Det er den Hellige Ånd som alltid vil levende gjøre det skrevne Guds ord for oss.
Det er den Hellige Ånd som åpenbarer skriftene for oss.
Det er den Hellige Ånd som gir oss Guds type tro på ordet.

14

Kraft i tjenesten, åpenbaring i tjenesten, den Hellige Ånds salvelse i tjenesten

Kraft i tjenesten, betyr at den Hellige Ånd kraft, Guds allmakts kraft er i din tjeneste for Herren. Den vil være tilgjengelig til åpenbaring og utøvelse av overnaturlige gjerninger. Åpenbaring er selvfølgelig i seg selv overnaturlig guddommelig gjerning.

Samme framgangsmåte for å bygge styrke
Dette vil fungere i ditt liv på samme måte som hos en olympisk mester på ski. Han har i utgangspunktet fått ski, men han har måtte trene og trene, år etter år, før han ble olympisk mester.

Alt har med trening og atter trening å gjøre
Lever du ditt liv for Jesus, er døpt i den Hellige Ånd og Herren har ved den Hellige Ånds åpen-

bart, åpnet skriftene for deg, så er du i gang. Du har fått ferdig preparerte ski på beina. Men du må trene og trene. alt må læres og trenes opp. Det er ikke nok med Guds ord og åpenbaring alene. Du må få mengde trening med dine egne opplevelser gjort med djervhet. Da vil du bli rotfestet I din spesielle trening for alltid.

Salvelses benevnelse

Den Hellige Ånd blir en god del ganger nevnt i det Gamle Testamentet, men flere ganger i det Nye Testamentet. Det er ca. 13 forskjellige betydninger fra Gresk på hva det menes. De forskjellige betydningene er kun litt variable, men ikke så noen skiller seg noe vesentlig fra hverandre.

Salve ble benyttet mye i gammel og ny testamentlig tid. Da dekket de kroppen i sin helhet eller deler med salven. Derifra kommer ordet salvelse inn Bibelen. Det brukes Oliven olje tilsatt krydder urter som gir lukt.

Salvet med den Hellige Ånds kraft

Det at vi er salvet med den Hellige Ånd, betyr at den Hellige Ånd er over hele oss og i hele oss.

Det samme gjelder for det å være salvet med Guds kraft.

Det som kalles salvelsen er derfor kraften, fylden av den Hellige Ånd med dens arbeidsredskaper som vi leser om i 1 Kor. 12.

Vi leser fra Jesu første offentlige fremtreden i synagogen i Nasaret, der han var oppfostret.

" Herrens Ånd er over meg, fordi han har salvet meg til å forkynne evangeliet for fattige; han har utsendt meg for å forkynne fanger at de skal få frihet, og blinde at de skal få syn, for å sette undertrykte i frihet,

For å forkynne et velbehagelig år fra Herren.

Og han lukket boken og ga den til tjeneren og satte seg, og alle som var i synagogen, hadde sine øyne festet på Ham." (Luke. 4, 18 - 20)

Ordet salvelses betydning
Vi ser Jesus leser ordet salvelse fra Esaias 61. Ordet salvelse fra Gresk, har noen forskjellige nyanser i betydningen, men hovedsakelig er det dette.

Smøre eller skrubbe inn med olje, gi oppmerk-
somhet til et embete i en religion, en hellig og
symbolsk handling,

Kristus som den salvede av Gud.
Ordet salvelse er også brukt metaforisk og sym-
bolsk i det Nye Testamentet. Det har og betyd-
ningen at det binder i sammen, holder i sammen
og løper i sammen.

" hvorledes Gud salvet Jesus fra Nasaret med
den Hellige Ånd og kraft," (Apg 10, 38)

" Og dere har salvelse av den hellige og vet alt.

Og dere – den salvelse som dere fikk av Ham,
den blir i dere, og dere trenger ikke til at noen
skal lære dere, men som hans salvelse lærer dere
alt," (1 John. 2, 20)

" Og det er han som ga oss noen til apostler,
noen til profeter, noen til evangelister, noen til
hyrder og lærere," (Ef. 4, 11)

" Og Gud satte i menigheten, de som møtes på
torgene de utvalgte (Eclesia), fellesskapet

(koinonia), Kristi legeme, først noen til apostler, for det annet profeter, for det tredje lærere, så kraftige gjerninger, så nådegaver til å helbrede, til å hjelpe, til å styre, forskjellige slags tunger." (1 Kor. 12, 28)

Lære dere og minne dere (Smøret inn og skrubbet inn, gresk)

Her i alle disse Guds oppgaver til mennesker, er det meningen at det skal være smøret inn og skrubbet inn i de gjenfødte, den Hellige Ånds kraft og åpenbaring. Men dette skjer ikke før villighetspunktene er gjennomført og at man lever deretter.

" Jesus sier: Men talsmannen den Hellige Ånd, som Faderen skal sende i mitt navn, han skal lære dere alle ting, og minne dere om alle ting som jeg har sagt dere." (John. 14, 26)

Nødvendigheten for åpenbaring

Så du ser vi må leve villighetspunktene ut. Vi må være fylt av Herrens Ord, slik at den Hellige Ånd har noe å ta av når han levendegjør, ja, åpenbarer Ordet for oss. Det er ikke bare å rekke hendene i været og tro åpenbaringer kommer.

142

Det er en vei å gå fram imot det. De nødvendige åpenbaringene for deg og meg, er de som leven- degjør det Bibelens ord vi har behov for i vår oppgave for Herren. Noe annet vil du aldri motta fra Herren. Her har du villighets punktene igjen.

Åpenbaring og ånds utrustning følger opp- gaven

Vi ser at åpenbaringen og ånds utrustningen føl- ger oppgaven, Når det er sagt ser vi også hva Markus sier.

" Og disse tegn skal følge den som tror"
(Mark. 16, 17)

Vi ser det er tilgjengelig i den troende, der be- hovene melder seg i evangeliseringen og vitne tjenesten.

Villighets punkter må være på plass

Villighets punkter må være på plass for enhver oppgave og utrustning, men vi må alle starte der vi er.

Villighets punkter
Omvendelse

Gjenfødelse

Dåp i den Hellige Ånd

Tro Bibelen slik den er skrevet. Det igjen betyr
at du må kjenne Bibelen.

" Og da vi har ulike nådegaver, alt etter den nåde
som er oss gitt, så la oss, om vi har profetisk
gave, bruke den etter som vi har tro til,

Eller om vi har en tjeneste, ta vare på tjenesten,
eller om en er lærer, på lærdommen,

Eller om en skal formane, på formaningen; den
som utdeler, gjøre det med ærlig hu; den som er
forstander, være det med iver; den som gjør
barmhjertighet, gjør et med glede!"
(Rom. 12, 6 – 8)

Vi ser hvordan alle ting henger i sammen. Vi kan
ikke ta det ene, før vi har fått på plass det andre.

**Er ikke den fulle overgivelsen til Kristus Je-
sus tilstede i ditt liv, hjelper det ikke om kall
er tilstede.**

Åpenbaringskunnskapen gir deg nøklene

Jeg vil begynne dette stykket med en uttalelse fra" Fader vår."

" Komme ditt rike, skje din vilje, som i himmelen, så og på jorden" (Matt 6, 10)

Vi må forstå det, slik at vi kan tro det
Her ser vi klart at Jesus kommer med en uttalelse, som ikke har blitt lagt godt nok merke til og lagt nok tyngde på. Her er det snakk om å få Guds vilje ned på jorden. Ja, vi har det skrevne Guds ord, men som jeg har skrevet så mye og som Bibelen forklarer så nøye, er at det skrevne Guds ord, må bli levende gjort. **Bibelens ord må bli åpenbart, slik at vi kan forstå det og tro det.**

” Jesus sier til Peter: Og jeg vil gi deg nøklene til himlenes rike, det du binder på jorden, skal være bundet i himmelen, og det du løser på jorden, skal være løst i himmelen.” (Matt. 16, 19)

Åpenbaringen ga Peter en klippefast tro, en urokkelig tro

Hva ga Peter nøklene til himlenes rike? Jo, åpenbaringen av Guds ord

Vi ser at det ikke var Peter i seg selv som var i stand til å vite og tro hvem Jesus virkelig var. Det måtte en Guds åpenbaring, en Guds tiltale til ham, som fortalte ham dette. Det fikk Peter, det gjorde Peters tro på Jesus som Guds sønn klippe fast. La oss lese hva Matteus sier om saken.

” Men da Jesus var kommet til landet ved Cesarea Filippi, spurte han sine disipler og sa: Hvem sier folk at menneskesønnen er?

De sa: Noen sier døperen Johannes, andre Elias, andre igjen Jeremias eller en av profetene

Han sa til dem: Men dere, hvem sier dere at jeg er?

Da svarte Simon Peter og sa: Du er Messias, den levende Guds sønn.

Og Jesus svarte og sa til ham: Salig er du, Simon, Jonas sønn! For kjød og blod har ikke åpenbart deg det, men min Fader i himmelen.

Og jeg sier deg at du er Peter; og på den klippe vil jeg bygge min menighet, og dødsrikets porter skal ikke få makt over den.'' (Matt. 16, 13 – 18)

Åpenbaring
'' Men tro er full visshet om det som håpes, overbevisning om ting som ikke ses,

For på grunn av den fikk de gamle godt vitnesbyrd.

Troens nødvendighet, av ingen ting kommer alle ting
Ved tro skjønner vi at verden er kommet i stand ved Guds ord, så det som sees, ikke ble til av det synlige.

Uten tro er alle ting umulig, med tro er alle ting mulig

Men uten tro er det umulig å tekkes Gud; For den som treder fram for Gud, må tro han er til, og at han lønner dem som søker ham."
(Heb. 11, 1 – 3.6)

Åpenbaringskunnskapen gir deg troens nøkler

Åpenbaringen åpner dine øyne og du vil tro det du får kunnskap om

" Og disse tegn skal følge dem som tror"
(Mark. 16, 17)

Ser du det nå. Troen til å gjøre Guds gjerninger er absolutt nødvendig.

Tro du får den Hellige Ånds kraft og du får den

" Og deretter skal det skje at jeg vil utgyte min Ånd over alt kjød, og deres sønner og deres døtre skal tale profetiske ord; deres oldinger skal ha drømmer, deres unge menn skal se syner;

Ja, endog over trælene og over trælkvinnene vil jeg i de dager utgyte min Ånd.
Og jeg vil gjøre underfulle tegn på himmelen og på jorden: blod og ild og røkstøtter.

Månen til blod, før Herrens dag kommer, den store og forferdelige.

Og det skal skje: Hver den som påkaller Herrens navn, skal bli frelst; for på Sions berg og i Jerusalem skal det være en flokk av unnkomne, således som Herren har sagt, og blant de unnslupne skal de være som Herren kaller."
(Joel 3, 1 – 5)

" Jesus sa: men dere skal få kraft idet den Hellige Ånd kommer over dere," (Apg. 1, 8)

" Og da pinsefestens dag var kommet, var de alle samlet på samme sted." (Apg. 2, 1)

149

Tro det og gjør det som Jesus gjorde det. Bare tro

” Men er det ved Guds finger jeg driver de onde
ånder ut, da er jo Guds rike kommet til
dere.” (Luk. 11, 20)

Ser du? Himmelens krefter var kommet ned til
menneskene. De som var blitt født på ny kunne
få den. Men de må tro det for å få den.
Nå vet du hvordan du skal få den ved tro.
**Åpenbaringen av Guds ord gir deg troen på
Ordet.**

Åpenbaringens mål

" Jesus sa: Disse tegn skal følg den som
tror" (Mark. 16, 17)

" Jesus sa: Alt er mulig for den som tror"
(Mark. 9, 23)

Her ser vi helt klart Jesus poengterer den over
ordnede viktigheten av troen. Vi tar troen for oss
i åpenbaringen som gir den klippefaste troen.

Hvem er de troende?
" Alt det som er født av Gud seirer over verden,
og dette er den seier som overvinner verden, vår
tro." (1 John. 5, 4)

Her ser vi Bibelen forteller oss at det som er født
av Gud seirer.

151

" Tro er full visshet om det som håpes, overbevisning om ting som ikke ses." (Heb. 11, 1)

Her ser vi at det er den klippefaste troen jeg talte om som seirer. Den fødes i åpenbaringen.

Den grunnleggende åndelige fødselen som åpenbares

" Alle dem som tok imot ham, Jesus, ga han rett til å bli Guds barn, de som tror på hans navn

De er født ikke av blod, heller ikke av kjøds vilje, heller ikke av manns vilje, men av Gud"
(John. 1, 12 - 13)

" Uten at noen blir født på ny, kan han ikke se Guds rike." (Joh. 3, 3)

" (Det som er født av Ånden er ånd." (John. 3, 6)

" Gud er ånd." (Joh. 4, 24)

Hva er du som er født av Gud
Det første som skjer i et menneske som omvender seg, og lar Jesus bli Herre i sitt liv. Og tror at

Gud oppvakte Jesus fra de døde, er at vedkommende blir født på ny.

Her kommer det ny fødte på ny menneskets første åpenbaring. Vedkommende får en full overbevisning, en klippefast overbevisning om at han/hun er født på ny og er et Guds barn. Etter hvert som villighets punkter kommer på plass i den gjenfødtes liv, åpnes det opp for mer åpenbaringer fra Gud Fader.

Villighets punkter

Omvendelse

Gjenfødelse

Dåp i den Hellige Ånd

Tro Bibelen slik den er skrevet. Det igjen betyr at du må kjenne Bibelen.

Vedkommende har blitt gjort ferdig på rett måte innfor Gud Fader og er klar for det nye livet og alt det har å gi.

" Dere er blitt rettferdiggjort i den Herre Jesu navn og i vår Guds Ånd" (1 Kor. 6, 11)

Djervheten fødes fram i den sterke troen som fødes inn gjennom åpenbaring. Din villighet til å bruke troen bringer resultatene.

" Den rettferdige er djerv som ungløven, King James" (Ordspr. 28, 1)

Du blir djerv, du blir frimodig i visdom, du blir den som våger å gjøre. Du går ikke på det du føler og ser. Du sorterer ut Guds tanker i ditt tankeliv og lar det bli prioritert over alt hva dine sanser forteller deg. Du er i Ånden, i den Hellige Ånds styrke, ja kraft.

" Paulus sa: Be også for meg, at det må gis meg ord når jeg åpner min munn, så jeg med frimodighet kan kunngjøre evangeliets hemmelighet." (Ef. 6, 19)

" Jesus sa: men talsmannen, den Hellige Ånd, som Faderen skal sende i mitt navn, han skal lære dere alle ting, og minne dere om alle ting som jeg har sagt dere." (John. 14, 26)

Her ser du igjen, åpenbaringen av Ordet til Paulus i

Ef. 6, 19. At det må gis meg ord. Det er åpenbaringene fra Gud på Ordet som alltid gir den klippefaste troen.

Punktere djervhets ballongen

«Kristen Religiøse mennesker» liker ikke djervhet. De vil si til den djerve: du må være viselig, du må ikke være hovmodig, du må ikke være ukjærlig, du må ikke være så radikal. De vet ikke at de er Satans redskaper for å punktere ballongen så fort den er blåst opp.

Religiøse kristne tåler ikke klippefast djerv tro

Dette har jeg opplevd ved anledninger helt siden jeg ble en Kristen. Selvfølgelig i gitte sammenhenger var det riktig av meg å ta imot korreksjon. Det skjedde i årene med den viktigste utviklingen i mitt Kristen liv. Men etter hvert som visdommen og åpenbaringene på Ordet gir deg en klippefast tro, er det de religiøse som kommer med nålene, for å punktere djervhets ballongen. Lever vi overgitt til Kristus, vokser visdommen i kjærlighet. Hør på dette:

155

" Menigheten, Ecclesia, de som møtes på torgene, Kristi legeme, er fylt av Ham, Kristus som fyller alt i alle." (Ef. 1, 23)

" Guds kjærlighet er utøst i våre hjerter ved den Hellige Ånd, som er oss gitt." (Rom. 5, 5)

Djervhet født i åpenbaring. Produserer primært tre ting – tegn under og mirakler
Hør hva som skjedde, når Paulus frimodig forkynte i synagogen.

" Paulus gikk da inn i synagogen og talte **frimodig** i tre måneder, idet han holdt samtaler med dem og overbeviste dem om det som hører Guds rike til." (Apg. 19, 8)

" Etter min inderlige lengsel og mitt håp om at jeg ikke skal bli til skamme i noen ting, men at Kristus, som alltid, så og nå, med all **frimodighet** skal bli forherliget ved mitt legeme, enten det blir ved liv eller død." (Fil. 1, 20)

" Kristus Jesus vår herre, i hvem vi har vår **frimodighet** og adgang med tillit ved troen på Ham." (Ef. 3, 12)

" Han, Jesus, som ikke visste av synd, har han gjort til synd for oss, for at vi i Ham skal bli **rettferdige** for Gud" (2 Kor. 5, 21)

Jeg leser igjen
" Kristus Jesus vår Herre, i hvem vi har vår frimodighet og adgang med tillit ved troen på Ham." (Ef. 3, 12)
Vi har **djervhet** – fordi vi er **rettferdige**
Gud hører oss like raskt – som han hører Kristus.

Troen som fødes igjennom åpenbaring, innehar fire ting
Djervhet, tegn, under og mirakler
Ditt personlige liv i åpenbaringene av Kristi seier, gjør deg til overvinner over Satan og demonene.
Du vil oppleve kritikk og forfølgelse, men tegn, under og mirakler vil følge deg.

Vi ber ikke om rettferdighet – Vi er rettferdige i Ham
Vi ber ikke om tro – vi er troende i Ham
Vi ber ikke om djervhet og frimodighet – vi har det i Ham

Men vi kan be om mer frimodighet, mer djervhet

Hør på dette:

" Og nå Herre hold øye med deres trusler, og gi dine tjenere å tale ditt ord med all **frimodighet**." (Apg. 4, 29)

" Paulus sa: men ennå vi forut hadde lidd og var blitt mishandlet i Filippi, som dere vet fikk vi allikevel **frimodighet** i vår Gud til å tale Guds evangelium til dere under mye strid." (Tess. 2, 2)

" Kast derfor ikke bort deres **frimodighet** som har stor lønn." (Heb. 10, 35)

Du kan gjøre det du har tro for – det du har frimodighet til

Åpenbaringene har født disse virkelighetene inn i deg og du vet du har det. Åpenbaringene skaper revolusjon i ditt liv. Et liv i sansekunnskapens verden blir sekundært, og du går inn i et liv styrt av åpenbaringskunnskapen.

La åpenbaringskunnskapen styre ditt liv, ikke sansekunnskapen.

Hvilken frihet – hvilken uttalelse klar til å ta verden

" Dere skal kjenne sannheten, og sannheten skal sette dere fri." (John. 8, 32)

Hvilken fantastisk uttalelse Jesus kom med her. Dine sanser er ikke i stand til å forstå dybden i denne uttalelsen. Når Gud åpenbarer den for deg, da vil du forstå den og du vil være fri.

" Til frihet har Kristus frigjort oss, stå derfor fast, og la dere ikke atter legge under trelldoms åk." (Gal. 5, 1)

Åpenbaringens daglige virkelighet i deg

Det viktigste for deg, er å komme i posisjonen, hvor åpenbaringer blir en virkelighet for deg. La ditt liv forbli i den posisjonen.

Når du først har kommet inn i denne posisjonen, er det lettere å forbli der. La ikke Satan få lurt deg ut av denne posisjonen. Han er livredd for at du skal komme inn i og forbli der.

Våk over denne posisjonen du har kommet inn i

Våk over den posisjonen du har kommet inn i. Vær var for det som vil trekke deg ut av den. Satan vil være rundt deg, han vil forsøke å få deg ut av posisjonen. De vil han gjøre igjennom negative forstyrrelser til dine sanser.

Det fantastiske her, er at du ved å prøve, kjenne og gjenkjenne ånder. Dette er punktet av utvikling i ditt åndelige liv du har kommet til, når det å kjenne ånder blir en dagligdags ting for deg.

Nå er det så mye lettere å bli bevart i dette Åndelige miljøet

Når du er denne posisjonen, er det så mye letter for deg å bevare ditt liv i åpenbaringens miljø. Alt det jeg har skrevet om tidligere i boken, vil gjøre at du forstår det jeg nå skriver. Du har din gudgitte mulighet nå, til å komme inn i åpenbaringens frihet i Kristus.

Om vi bare kunne se hele dybden

" Han, Jesus, avvæpnet maktene og myndighetene og stilte dem åpenlyst til skue, idet han viste seg som seiersherre over dem på korset." (Koll. 2, 15)

" Og Jesus trådte fram, talte til dem og sa: Meg er gitt all makt i himmel og på jord;

Gå derfor ut og gjør alle folkeslag til disipler, idet dere døper dem til Faderen og sønnens og den Hellige Ånds navn,

Og lærer dem å holde alt det jeg har befalt dere. Og se, jeg er med dere alle dager inntil verdens (Kosmos) ende!" (Matt. 28, 18 - 19)

Om vi virkelig kunne se, at alt er oss underlagt i Kristus, underlagt oss i Jesu navn

" Men da han gikk inn i Kapernaum, kom en høvedsmann til ham og ba ham og sa:

Herre! Min dreng ligger verkbrudden hjemme og pines forferdelig.

Jesus sa til ham: Jeg vil komme og helbrede ham.

Men høvedsmannen svarte og sa: Herre! Jeg er for ringe til at du skal gå inn under mitt tak; men si bare et ord, så blir min dreng helbredet!

For jeg er også en mann som står under overordnede, men har stridsmenn under meg igjen; og sier jeg til den ene: gå! Så går han, og til en annen: Kom! Så kommer han, og til min tjener: Gjør dette! Så gjør han det.

Men da Jesus hørte dette, underet han seg, og sa til dem som fulgte ham: Sannelig sier jeg dere: Ikke engang i Israel har jeg funnet så stor en tro." (Matt. 8, 5 - 10)

Høvedsmannen så mer enn mange Kristne ser i dag

Høvedsmannen fikk en livs forvandlende åpenbaring i det fysiske, igjennom sitt daglige virke som høvedsmann. Åpenbaringskunnskap kommer til deg slik Gud vil det skal komme, du må bare være sensitiv i din kjennskap til åndens verden. Da vil du alltid kjenne hva som er herren. Men som jeg har sagt, du må ha vokst fram til dette område av innsikt og forståelse i ånden. Dette kreves overgivelse igjennom år ette år. Du vil komme hit hvis du virkelig vil. Disse" lettvinte åpenbaringer", vi kan registrere i våre omgivelser, er ikke engang verdet å gi oppmerksomhet. Vi må opp på et åndelig høyere plan. Dette planet kan vi også forbli på, hvis vi vil.

Jeg gir deg åpenbarings deklarasjon en gang til.

Åpenbaringen & troens deklarasjon

Åpenbaringskunnskap
Det du ser - Det har du
Det du har - Er du fri i
Det du er fri i - Er det du kan gi
Det du kan gi er ditt - Det har du autoritet over,
Og kan tas imot av alle

Det som er ditt - Kan du gi til hvem du vil
Det du kan gi til hvem du vil - Kan tas imot av
de som vil ha det

Alle som vil ha det - ser det
De som ser det, Tror det

" Tro er full vishet om det som håpes, overbevisning om ting som ikke ses." (Heb. 11, 1)

Hør hva Jakob sier:

" Men en som skuer inn i frihetens fullkomne lov og holder ved med det, så han ikke blir en glemsom hører, men gjerningenes gjører, han skal være salig i sin gjerning." (Jakob 1, 25)

Forbli i åpenbaringen - Grip din frihet – din frihet tar verden

Kom og forbli sier Jakob og hold fast på det. Vi skuer inn gjennom åpenbaring og kan alltid gjøre det, inn i frihetens fullkomne lov, inn i Guds virkelighet.

I

Det du ser – Det har du

Dine åpenbaringer

Vi leser

" Dere er av Gud mine barn, og har seiret over dem, for han som er i dere, er større enn han som er i verden." (Joh. 4, 4)

" Og de har seiret over ham i kraft av lammets
blod og de ord vitnet (Martyr, Gresk)"
(Åp. 12, 11)

Er dette åpenbart for deg, da har du det

II
Det du har – Er du fri i

" Får da sønnen frigjort dere, da blir dere virke-
lig fri." (John. 8, 36)

" For livets Ånds lov har i Kristus Jesus frigjort
meg fra syndens og dødens lov." (Rom. 8, 2)

Det er fantastisk, du er fri og du vet det og lever
deretter.

III
Det du er fri – Kan du gi

" Peter sa: Sølv eller gull har jeg ikke, men det
jeg har det gir jeg deg: I Jesu Kristi nasareerens
navn, stå opp og gå." (Apg. 3, 6)

165

” Men den som skuer inn i frihetens fullkomne
lov og holder ved med det, så han ikke blir en
glemsom hører, men en gjerningenes gjører, han
skal være salig i sin gjerning

Dersom en mener at han er en gudsdyrker, og
ikke holder sin tunge i tømme, men dårer sitt
eget hjerte, hans gudsdyrkelse er
forgjeves.” (Jakob 1, 25 – 26)

Du er salig du er begeistret, du er sterk i troen,
du gir videre det du har mottatt.

Den lamme ved utgangen til friluftsområdet
Jeg opplevde nøyaktig det samme som Peter op-
plevde ved den fagre tempel dør. Jeg var ferdig
med kveldens korstogsmøte. Masse mennesker
hadde overgitt sine liv til Jesus og mange var
blitt fri fra demoner og helbredet.
Jeg med flere gikk mot utgangs porten. Nå skulle
vi hjem å tale om det som hadde skjedd og spise.
Da vi kom til porten, satt det en lam mann der.
Øyeblikkelig tenkte jeg på Peter og hendelsen
ved den fagre tempel port.
Jeg kjente jeg skulle gjøre det samme her. Jeg
gikk bort til mannen og sa: Sølv eller Gull har

jeg ikke, men det jeg har det gir jeg deg, i Jesu Kristi nasareernes stå opp og gå. Jeg tok ham i hånden og dro forsiktig, mannen reiste seg da opp og gikk.

IIII

Det du kan gi – Har du autoritet over og kan tas imot av alle som vil ha det

Det vi har kan tas imot av alle, som med den lamme mannen ved utgangs porten. Vi vandrer i den seirende Åndens herlighet og frihet.

" Men Herren er Ånden, og hvor Herrens Ånd er, der er frihet.

Men vi som et utildekket åsyn skuer Herrens herlighet som i et speil, vi vil alle bli forvandlet til det samme billede fra herlighet til herlighet, som av Herrens Ånd." (2 Kor. 3, 17 - 18)

" han, Kristus, som er avglansen av hans, Guds herlighet og avbildet av hans vesen. Og bærer alle ting ved sitt krafts ord …" (Heb. 1, 3)

" Så er vi da sendebud i Kristi sted."
(2 Kor. 5, 20)

167

Vi bringer herligheten med oss, for den er i oss.
Der du er, er herligheten.

" Jesus sier: Sannhetens Ånd, som verden ikke
kan få, for den ser Ham ikke og kjenner Ham
ikke; Dere kjenner Ham, for han blir hos dere og
skal være i dere." (John. 14, 17)

" Jesus sier: Det er Ånden som gjør levende,
kjødet hjelper ingenting; de ord som jeg har talt
til dere, er ånd og er liv." (John. 6, 63)

Når du kommer inn i livet i åpenbaringen, vil din
tro alltid være sterk på de områdene Gud har
åpenbart for deg, og ingen andre steder. De om-
rådene din tro er sterk på, er også de områdene
du har åndelig autoritet på. Disse tingene følge
hverandre nøye. Alt har jo sitt utspring av Ån-
dens frukter som kommer fram i våre liv, og
kjødets gjerninger som legges ned mer og mer.
Da kommer disse vers også fram som meget ak-
tuelle.

" Og Jesus svarte og sa til dem: Ha tro til Gud!

Sannelig sier jeg dere at den som sier til dette fjell: Løft deg opp og kast de i havet! Og **ikke tviler** i sitt hjerte, **men tror** det han sier skal skje, han skal oppleve det skjer.

Derfor sier jeg dere: Alt det dere ber om og begjærer, **tro bare** at dere har fått det, så skal dere **motta det**. (Mark. 11, 22 – 24)

Her ser vi Jesus poengterer viktigheten av troen, uten troen virker ikke Åndens kraft. Her ser vi detaljenes viktighet.

Disse siste 4 punkter har med mottageren å gjøre
Det som er ditt
Kan du gi til hvem du vil
Det du kan gi til hvem du vil
Kan tas imot av de som vil ha det
Alle som vil ha det
ser det
De som ser det,
Tror det

Du er i åpenbaringens frie posisjon

Tvil
Tvil er en" tro dreper."
Tvilen er forløperen for løgnens aksept. Allerede med tvilen, er døren lukket igjen for et hvert bønnesvar.

" Men han be i tro, uten å tvile; for den som tvil- er ligner havbølgen, som drives og kastes av vinden.

For ikke må det menneske tro at han skal få noe av Herren,

Slik en tvesinnet mann, ustø på alle sine veier." (Jakob 1, 6 – 8)

Troen
Troen er en" liv giver og stabilisator."
Troen er et" must", det kan vi se fra 1 Mosebok og Bibelen videre igjennom. De samme troens virkemåter vi ser i 1 Mosebok, er de samme virkemåtene for troen hele Bibelen igjennom. Bibelen og hele verden, Kosmos, er bygget opp til å virke ved tro.

" Hva nytter det, mine brødre, om en sier at han
har tro, når han ikke har gjerninger, troens han-
dlinger?

Således og med troen; har den ikke gjerninger,
troens handlinger, er den død i seg selv."
(Jakob 2, 14 og 17)

Åpenbaringen
Åpenbaringen en sterk" tro giver"

" Uten åpenbaring farer folket vil."
(Ordspr. 29, 18)

" Tro er full vishet om det som håpes, overbe-
visning om ting som ikke ses." (Heb 11. 1)

Uten troen blir der aldri noe åndelig gjennom-
slag, det blir ingen skapelse eller levende
gjøring. Det vil kun bli missforståelser og forvir-
ring. Gud Fader igjennom Den Hellige Ånd, gir
oss åpenbaring, som igjen gjør oss klippefaste og
troende i det han viser oss. Du kan ikke tro et
Guds ord i deg selv. Gud Fader styrer våre liv
ved tro. Du får tro for det du skal ha tro for.

18

Fri til å sette verden fri

Dette er et fantastisk vers, som alle andre Bibelens vers er:

" Til frihet har Kristus frigjort oss, stå derfor fast, og la dere ikke atter legge under trelldoms åk." (Gal. 5, 1)

Du har kommet inn i åpenbaringens område, der vil du lære, arbeide og bli hvis du vil. Stå fast i det du har grepet og gå videre i det. Ikke lukk opp for sansekunnskapens manipulerende ord, følelser, det du hører og det du ser. La Guds liv, Guds karakter, la Kristus lede vei. Han vil ha deg ut i full Åndelig frihet i den Hellige Ånd. Dette er å komme ut i den absolutte frihet som et menneske kan komme ut i.

" Får da sønnen frigjort dere, da blir dere virkelig fri." (John. 8, 36)

172

Du er skapt for frihet. Grip det evige live, bli
født på ny, få et liv i ånden som vokser til Gud
Jehovas storhet i deg. La ham sette deg fri, så du
kan gi, alt han gir deg.

" Kristus kjøpte oss fri fra lovens forbannelse,
idet han ble en forbannelse for oss, - for det er
skrevet: Forbannet er hver den som henger på et
tre. (Gal 3, 13)

Den nye veien – Frihets portalen
Adam og Eva åpnet opp for forbannelsens vei.
Jesus Kristus Guds sønn kom og åpnet vel-
signelsens vei. Han ga os muligheten å komme
tilbake i felleskap med Gud Fader. Portalen er
omvendelse og den nye fødsel.
Hør på dette fantastiske:

" Hvor Herrens Ånd er, der er frihet."
(2 Kor. 3, 17)

Ser du det? Åpenbaringer kommer til deg nå. Du
vet hva du må gjøre for å bli fri, du vet hva frihet
er.

Vandre i frihetens Ånd

" I begynnelsen var Ordet, Ordet var hos Gud og Ordet er Gud." (John. 1, 1)

Dette er hva Gud ser seg som fra tidenes morgen Ordet.

Vi leser videre:

" Men den som skuer inn i frihetens fullkomne lov, Ordet," (Jakob 1, 25)

Hva er det?

" Men vi som med et utildekket åsyn, skuer Herrens herlighet, Ordet, som i et speil, vil blir alle forvandlet til det samme bilde, fra herlighet til herlighet, som av Herrens Ånd." (2 Kor. 3, 18)

Hva menes med dette?

Herrens herlighet for oss i dag, er hans skrevne Ord Bibelen. Gud er Ordet. Når du med ordet gjør som Ordspr. 3 og 4 sier, vil du bli ledet inn i livet i ånden, den Hellige Ånd.

Her er ordets oppskrift for å komme inn i åpenbaringskunnskapen

Jeg gjentar Bibelsteder fra tidligere kapitel.

" Min sønn! Glem ikke min lære og la ditt hjerte
bevare mine bud!

La ikke kjærlighet og trofasthet vike fra deg,
bind dem om din hals, skriv dem på din hjertets
tavle!

Sett din lit til Herren av hele ditt hjerte, og stol
ikke på din forstand!

Tenk på Ham på alle dine veier! Så skal han
gjøre dine stier rette.

Vær ikke vis i egne øyne, frykt Herren og vik fra
det onde!

Det skal være legedom for din kropp og gi ny
styrke til dine ben." (Ordspr. 3, 1,3,5-8)

" Min sønn! Akt på mine ord, bøy ditt øre til min
tale!

La dem ikke vike fra dine øyne, bevar dem dypt
i ditt hjerte!

For de er liv for hver den som finner dem, og legedom (medisin, karakter, Strongs), for hele hans legeme" (Ordspr. 4, 20-22)
Nå vil livet i Bibelen bli en realitet, åpenbaring vil komme din vei.

Hør videre, skriften forklare og åpenbarer seg selv til deg.

" Paulus sa: Men jeg sier dere: Vandre i Ånden, så skal dere ikke fullbyrde kjødets begjæringer (det som binder deg)" (Gal. 5, 16)

Gud er ånd
Gud er Ordet
Ordet er ånd

Å vandre i den Hellige Ånd med stor Å, i åndens element med liten å, betyr at du lever og adlyder det skrevne Guds ord, som vil levendegjøre seg for deg gjennom åpenbaring fra den Hellige Ånd, som er Guds Ånd.
Nå forstår du dette verset helt ut.

" Men vi som med et utildekket åsyn, skuer Herrens herlighet, Ordet, som i et speil, vil blir alle forvandlet til det samme bilde, fra herlighet til herlighet, som av Herrens Ånd." (2 Kor. 3, 18)

Jeg tror du grep det nå.

Husk, du er fri, til å sette verden fri
Vi leser

" Men til sist åpenbarte Jesus seg selv for de elleve disiplene, mens de satt til bords, og han refset dem for deres vantro og harde hjerte, fordi de ikke hadde trodd dem som hadde sett ham oppstanden" (Mark. 16, 14)

" Og Jesus trådte fram, talte til dem og sa: Meg er gitt all makt i himmel og på jord;"
(Matt. 28, 18)

" Og han sa til dem: Gå ut i all verden (Kosmos) og forkynn evangeliet for all skapningen.

Den som tror og blir døpt, skal bli frelst; men den som ikke tror, skal bli fordømt.

Og disse tegn skal følge dem som tror: I mitt navn, i Jesu navn, skal de drive ut onde ånder, de skal tale med tunger,

De skal ta slanger i hendene, og om de drikker noe giftig, skal det ikke skade dem; på syke skal de legge sine hender, og de skal bli helbredet." (Mark 16, 15 – 18)

Les også 5 Mos. 28, 1 – 14, her står beskrevet Guds velsignelser til de gjenfødte, les så videre v15 – 68. Her får du alle de forbannelser som vil ramme de ubeskyttede av Jesus Kristus. Dette kalles da forbannelsen. Forbannelsen kaster ikke Gud på noen. Den tar mennesker over seg selv, igjennom at de ikke vil la Kristus bli Herre i sitt liv, slik at de blir født på ny og kommer under Guds rike velsignelse.

Dette er størrelsen av din frihet
Du ser disiplene til Jesus satt der inne i huset i vers 14. Jesus kom inn til dem. De trodde ikke engang han var oppstanden ifra de døde. Maria Magdalena hadde vært og fortalt dem det, men de trodde det ikke. De satt, sørget og gråt. Dette leser du i Mark. 16, 9 – 11.

Til den vantro gjengen sa Jesus etter han hadde refset dem litt: Gå ut i all verden og forkynn evangeliet for all skapningen (Mark. 16, 15).

Kunne han si det til dem, kan han si det til oss og det gjør han.

Jeg gir dere sannheten
" Jesus sa: Dere skal kjenne sannheten, og sannheten skal sette dere fri." (John. 8, 32)

Det er ikke kunnskapen som setter deg fri, men kjennskapen
Det er ditt personlige intime forhold til Kristus, til Gud Fader og til den Hellige Ånd, igjennom det åpenbarte Ordet.

" Paulus sa: så jeg kan få kjenne Ham og kraften av hans oppstandelse og samfunnet med hans lidelser, idet jeg blir gjort lik med Ham i hans død.6 " (Filip. 3, 10)

Det er den personlige kjennskapen som bringer åpenbaringen
Det du vet du er og har – kan du gi videre.

Frihetens ansikt

" Og da alle de som satt i rådet, stirret på ham, så de hans ansikt om en engels ansikt."
(Apg. 6, 1 – 15)

Troens frihet

" Han ga da akt på ham …

Men Peter sa: Sølv og gull eier jeg ikke; men det jeg har, det gir jeg deg: I Jesu Kristi nasareerens navn- stå opp og gå!" (Apg. 3, 6)

Proklamerte og ga den åpenbarte levende friheten

Du er friheten – du er beviset

" Filip kom da ned til en by i Samaria og forkynte Kristus for dem.

Og folket ga samdrektig akt på det som ble sagt av Filip, idet de hørte og så de tegn som han gjorde.

For det var mange som hadde urene ånder, og de
forut av dem med høye skrik, og mange verk-
brudne og vanføre ble helbredet." (Apg. 8, 5 – 7)

" Jesus sa: Dere skal få kraft i det den Hellige
Ånd kommer over dere, og dere skal være mine
vitner (Martyrer, Gresk, bevisprodusenter" (Apg.
1, 8)

**Den åpenbarte frihet du har – er den frihet
du kan gi verden.
Fri til å sette verden fri**

1 9

Du er kjærlighetens budbringer

" Hvor fagre er på fjellene deres føtter som kommer med" gledes bud", som forkynner" fred", som bærer" gode nyheter", som forkynner" frelse"…." (Jesajas 52, 7)

" Gud er kjærlighet …" (1 John. 4, 8)

" Gud er ånd …" (John. 5, 24)

Den utøste kjærlighet og vår tilmålte tro
Dette er Guds måte å gjøre tingene på. Guds kjærlighet er utøst i de gjenfødtes hjerter, slik at de er fylt av Guds kjærlighet og fylt av hans tro, tro til det mål han tilmåler hver enkelt av oss med. Våre liv er styrt av Gud, ved det troens mål han har gitt hver enkelt en av oss.

" Paulus sier: For ved den nåde som er meg gitt, sier jeg til enhver iblant dere at han bør tenke,

182

men tenke så at han tenker sindig, alt ettersom
Gud har tilmålt enhver hans mål av tro,"
(Rom. 12, 3)

Et kjærlighetens vell

" Guds kjærlighet er utøst i våre hjerter ved den
Hellige Ånd.." (Rom 5, 5)

" Jesus sa: Den som tror på meg som skriften har
sagt, av hans liv skal det renne strømmer av lev-
ende vann." (John. 7, 38)

" Dersom dere blir i meg, og mine ord blir i dere,
da be om hva dere vil, og dere skal få det."
(John. 15, 7)

" Dersom dere holder mine bud, da blir dere i
min kjærlighet, likesom jeg har holdt min Faders
bud og blir i hans kjærlighet." (John. 15, 10)

La kjærligheten flyte

" Jesus sa: Du skal elske Herren din Gud av alt
ditt hjerte og av all din sjel og av all din hu.

Dette er det største og det første bud.

Men det er et annet som er likeså stort: Du skal elske din neste som deg selv.

På disse to bud hviler hele loven og profetene," (Matt. 22, 37 - 40)

Da er spørsmålet hvem vil du være? Eller hvem er du?

Har du kommet til det punktet i deg selv, at du elsker deg selv? Er du fornøyd med deg selv? eller er du bare kritisk og missfornøyd med deg selv?

Gud gir deg muligheten til å arbeide fram det beste du kan bli i deg, den du er i Kristus.

Elsk din neste som deg selv

Dette er en fantastisk oppdagelse. Det fantastisk med den oppdagelsen er at du også oppdager alt det flotte i andre mennesker.

Du er ikke i stand til å være mer fornøyd med andre, enn du er med deg selv. Du er ikke i stand til å elske andre mer enn du elsker deg selv. Er du bare missfornøyd med deg selv, er du også missfornøyd med alle andre. Ser du det.

La verden få se den de er skapt il å være – i deg.
Du kan la de se det i deg, ved at du er deg selv,
med Kristus i deg.

**Vær den du er, kledd opp i kjærlighetens
klær.**

Mennesker vil begynne å reagere på deg på gater
og i butikker. De vil tenke, hvor har jeg sett den
personen før. De har ikke sett deg før, men de får
en dragning imot det som er i deg, og det er
Kristus Jesus.
Hør videre hva Bibelen sier.

” Min sønn! Akt på mine ord, bøy ditt øre til min
tale!

La dem ikke vike fra dine øyne, bevar dem dypt
i ditt hjerte!

For de er liv for hver den som finner dem, og
legedom for hele hans legeme.”
(Ordspr. 4, 20 – 22)

” Hold fast ved min tilrettevisning, slipp den
ikke! Bevar den, for den er ditt liv”
(Ordspr. 4, 13)

" La ikke kjærlighet og trofasthet vike fra deg, bind dem om din hals, skriv dem på din hjertets tavle!

Så skal du finne nåde og få god forstand i Guds og menneskers øyne.

Sett din lit til Herren av hele ditt hjerte, og stol ikke på din forstand!

Tenk på Ham på alle dine veier! Så skal han gjøre dine stier rette.

Vær ikke vis i egne øyne, frykt Herren og vik fra det onde!" (Ordspr. 3, 3 – 8)

Inn på nye høyder
Dette vil løfte ditt liv inn på helt nye høyder, inn på Guds Åndelige høyder. Du kommer inn på åpenbaringens høyder, hvor

" alt er mulig for den som tror." Mark. 9, 23)

" Frykt ikke, bare tro." (Mark. 5, 36)

Dette er ditt liv

Hva er ditt livs verdi? Den prisen Kristus betalte for deg. Med sitt eget liv og vandring som endte på Golgata kors Der hvor han overvant all Satans makt med sitt eget blod, en gang for all evighet. Det er din verdi.

" For så har Gud elsket verden at an ga sin sønn, den enbårne, for at hver den som tror på Ham, ikke skal fortapes, men ha evig liv." (John. 3, 16)

Når du ser dette i lyset av Guds åpenbaring til deg, vil du bringe dette evangelium videre i kjærlighet. Du har personlig fått et Gud gitt mål å nå. Dette vil begynne å skje i ditt liv.

Han ga sitt liv for oss i kjærlighet – så vi skal leve for ham i verden i kjærlighet.

Er du glad

" For glede i Herren er deres styrke!"
(Neh. 8, 10)

Når du er fri, er du glad.

Fri til å gi

" Men Peter sa: Sølv eller Gull eier jeg ikke,
men det jeg har, det gir jeg deg: I Jesu Kristi
nasareerens navn – stå opp og gå!" (Apg. 3, 6)

" Men er det ved Guds Ånd jeg driver de onde
ånder ut, da er jo Guds rike kommet til
dere." (Matt. 12, 28)

I kjærlighetens rike er ingen like

I Guds rike, i kjærlighetens rike, er ingen like.
Du er deg og jeg er meg. Gud har omsorg for
meg og alle andre. Gud elsker meg og alle andre.
Jeg er spesiell og alle andre. Jeg vet hvem jeg er,
jeg vet hva jeg er og hva jeg kan gi. Jeg kan gi
kjærlighet.

Kjærlighet er hva verden trenger
Vi kan ikke vente lenger
La kjærlighetens bro få gro
Imellom deg og dem
Lokk verden frem
La den få smile
La den få le
Den fortjener det

Når åpenbaringenes levende gjøring lever i deg,
vil dette være hva du vil elske å gjøre.

2 0

Elsk din neste som deg selv

" men Gud viser sin kjærlighet mot oss derved at Kristus døde for oss mens vi ennå var syndere."
(Rom. 5, 8)

" For så har Gud elsket verden at han ga sin sønn, den enbårne, for at hver den som tror på Ham, ikke skal fortapes, men ha evig liv."
(John. 3, 16)

Hvordan kunne en Gud som er ren og fullkommen, elske en syndig verden?
Gud hadde denne fantastiske planen fra tidenes morgen, at han ville skape mennesket. Gud lengtet etter menneske skapningen, som var skapt lite ringere enn Gud selv. Gud ville ha noen å dele sin rike velsignelse og herlighet med.

190

" Og Gud sa: La oss gjøre mennesker i vårt bilde, etter vår lignelse, og de skal råde over fiskene i havet og over fuglene under himmelen og over feet og over all jorden og over alt kryp som rører seg på jorden.

Og Gud skapte mennesket i sitt bilde, i Guds bilde skapte han det, til mann og kvinne skapte han dem.

Og Gud velsignet dem og sa til dem: Vær fruktbare og bli mange og oppfyll jorden og legg den under dere, og råd over fiskene i havet og over fuglene under himmelen og over hvert dyr som rører seg på jorden!" (1 Mos 1, 26 - 28)

Hvilken mulighet

Her var alle mulighetene for et evig liv i Guds rike velsignelse lagt klart for Adam og Eva. Men det tragiske skjedde, Satan som en slange, kom inn i hagen. Der klarte den å så tvil angående Guds vilje i Eva. Da tvilens sæd var sådd og akseptert, var veien kort til å akseptere løgnen. Det var akkurat det som skjedde, løgnen ble akseptert. Løgnen ble aktivisert med praktisk handling. Den første synd, arvesynden som ville følge menneskeheten som en forbannelse hadde skjedd.

" Da sa Gud Herren sa til kvinnen: Hva er det du har gjort! Og kvinnen sa: Slangen dåret meg, og jeg åt.

Da sa Gud Herren til slangen: Fordi du gjorde dette, så skal du være forbannet blant alt feet og blant alle de ville dyr. På din buk skal du krype, og støv skal du ete alle ditt livs dager.

Og jeg vil sette fiendskap imellom deg og kvinnen og mellom din ætt og hennes ætt: den skal knuse ditt hode, men du skal knuse dens hæl!" (1 Mos 3, 13 – 15)

Gud skaperen ser fortid og fremtid
Gud Jave så fortid og fremtid, men det som skjedde med Adam og Eva, hadde han ingen kontroll på. De hadde av Guds kjærlighet blitt gitt sin frie vilje. De kunne velge å adlyde Guds bud eller ikke.
Tragedien skjedde, de valgte å ikke følge Guds bud. Dette brakte arvesynden inn på planeten Tellus, eller jorden som vi kaller den.

Men Gud hadde allerede en plan klar, men den skulle ikke komme før fire tusen år senere.

" Han reiser den ringe av støvet, løfter den fattige av skarnet for å sette ham hos fyrster og gi ham et ærefult sete; for Herren hører jordens støtter til, og på dem har han bygget jorderike."
(1 Samuel 2, 8)

" Herren er opphøyet over alle hedninger, hans ære er over himmelen.

Hvem er som Herren vår Gud, han som troner så høyt,

Som ser så dypt ned, i himmelen og på jorden,

Som reiser den ringe av støvet, opphøyer den fattige av skarnet

For å sette ham hos fyrster, hos sitt folks fyrster," (Salme 113, 4 – 8)

Gud var villig til å komme ned i et menneskes lignelse, han kom ned på jorden i sin sønn Jesus Kristus

" han som da han var i Guds skikkelse, ikke aktet det for et rov å være Gud lik,

Men av seg selv ga avkall på det og tok en tjeners skikkelse på seg, idet han kom i menneskets lignelse

Og da han i sin ferd var funnet som et menneske, fornedret han seg selv, så han ble lydig inntil døden, ja korsets død." (Filip. 2, 6 – 8)

" Og jeg vil la din ætt bli som støvet på jorden; kan noen telle støvet på jorden, så skal også din ætt kunne telles." (1 Mos. 13, 16)

" Den som ikke elsker, kjenner ikke Gud; for Gud er kjærlighet." (1 Joh. 4, 8)

Kristus er det vi" er" og" har"
Gud kunne ikke gi annet enn det han" er" og" har". Slik er det også med oss, det vi har fra Kristus, er det vi" er" og det vi" har". Det er det vi skal gi videre. Vi har fått en meget ansvarsfull oppgave fra vår far i himmelen.
Han vil vi skal gi alt for ham. Han har nemlig gitt alt for oss og gjør det hver en dag.

194

" Dere elskede! Har Gud elsket oss så, da er og
vi skyldige å elske hverandre.

Ingen har noensinne sett Gud; **dersom vi elsker
hverandre**, blir Gud i oss, **og kjærligheten til
Ham er blitt fullkommen i oss.**"
(1 John. 4, 11 – 12)

Gud vet vi ikke kan produsere kjærlighet ut ifra
vårt intellekt.

" For hver den som er født av Gud, seirer over
verden; og dette er den seier som har overvunnet
verden: vår tro." (1 Joh. 5, 4)

Kristus – avglansen av Guds herlighet
" han som er avglansen av hans herlighet og av-
bildet av hans vesen og bærer alle ting ved sitt
krafts ord, og som derfor, da han hadde gjort
renselse for våre synder, satte seg ved Ma-
jestetens høyre hånd i det høye." (Heb. 1, 3)

Dette er voldsomme saker. Kristus er avglansen
av Guds herlighet. Guds herlighet er umulig for
et menneske å forstå, det må åpenbares. Dette er

en grenseløs virkelighet, som vi allerede er en del av som gjenfødte mennesker.

" Ånden og vannet og blodet, og disse tre går ut på ett," (1 John. 4, 8)

" Gud er ånd, og de som vil tilbe Ham, må tilbe i ånd og i sannhet." (John. 4, 24)

" Jesus sa til ham: Du skal elske Herren din gud av alt ditt hjerte og av all din sjel og av all din hu.

Men det er et annet bud som er likeså stort, **du skal elske din neste som deg selv."**
(Matt. 22, 37 – 39)

Åpenbaring til deg personlig er liv giveren fra Gud til deg

Gud ønsker du personlig skal få åpenbaring over disse fantastiske virkeligheter. Etter hvert som ting åpenbares for deg, blir ditt liv forandret. Din verdighet og trygghet i Gud vokser. Din hvile i Gud som en gjenfødt person vil bli sett av alle.

Elsker du Gud, elsker du deg selv

Hvis du elsker Gud, så elsker du deg selv. Elsker du deg selv, så elsker du din neste. Disse tingene er ikke det ene uten det andre. Dette er en kjede som må henge sammen. Kjærligheten beviser seg selv og til hvem den er.

Hvordan er andres opplevelse av deg? Fordi han elsket oss først, er vi i stand til å elske. Hva kan kun gjøre, hva han på forhånd har gjort for oss. Finn ut hva Gud har gjort for deg, finn ut hvordan han ser på deg. Det du da oppdager, kan du bringe videre.

Det du ser har du, det du har er du.

Dette er åndelige lover som fungerer.

" Jesus sa til sadduseerne: Er det ikke derfor dere farer vill, fordi dere ikke kjenner skriftene og heller ikke Guds kraft." (Mark. 12, 24)

Du trenger ikke være sur og negativ, se deg slik Gud ser deg.

Å se hva Gud ser, er å se hva hans ord, Bibelen sier.

" og skikk dere ikke lik med den veden, men bli forvandlet ved fornyelsen av deres sinn, så dere kan prøve hva som er Guds vilje; det god og velbehagelige og fullkomne!" (Rom. 12, 2)

" Men vi som nå med et utildekket åsyn skuer Herrens herlighet som i et speil, vi blir alle forvandlet til det samme bild fra herlighet til herlighet, som av Herrens Ånd." (2 Kor. 3, 18)

" for å hellige den, idet han renset den ved vannbadet i order," (Ef. 5, 26)

Gud sier du er stor og viktig
Hvorfor skal du da tro noe mindre om deg selv?

I Guds ord vil du finne at du er stor og viktig. Du er like stor og viktig som alle andre. I stedet for å se på deg selv og alle dine feil, og ergre deg og misslike deg selv på grunn av det. Så snu blikket, se hva Gud sier om deg, for det er nemlig sannheten om deg, ikke hva Satan viser deg om deg.

Først må du se at alt er for deg fra Gud. Begynn så å lev deretter. Begynn så og fortell andre at de er like verdifulle.

Når du ser din egen verdi, vil du elske å fortelle andre at de har den samme verdi. Du er en overvinner i Kristus.

Du er fantastisk i Ham.
Din livsstil er som det beste Gud har skapt, og han har skapt mye. Du er det flotteste han har skapt. Gi det komplement og viten til din neste. Mer du ser hva du er, mer kan du gi videre. Du kan ikke redde en fattig ved å være fattig, men du kan redde en fattig ved å være rik.

Mennesker som ser negativt på seg selv, vil ha andre mennesker med seg ned.

" ikke smukt det som dere roser dere av. Vet dere ikke at en liten surdeig syrer hele deigen?"
(1 Kor. 5, 6)

" Og du gjorde ham lite ringere enn Gud, og med ære og herlighet kronte du ham." (Salme 8, 6)

Du er Guds storhets skapning

Gud har gjort deg stor, løft andre mennesker opp til det samme nivå. Løft de opp til ditt nivå som er et mirakel. Løft de opp til nivået som Guds storhets skapning, Guds kjærlighets skapning. Du er den som kan gjøre det.

2 1

Tro, håp & kjærlighet

” Men nå blir de stående disse tre, tro, håp og kjærlighet, og størst blant disse er kjærligheten.”
(1 Kor. 13, 13)

” Da tok Peter til orde og sa til Jesus: Herre! Det er godt at vi er her; vil du, så skal jeg gjøre tre boliger her, en til deg, og en til Moses og en til Elias.

Mens han ennå talte, se, da kom en lysende sky og overskygget dem, og se, det kom en røst ut av skyen, som sa: Dette er min sønn, den elskede, i hvem jeg har velbehag; hør Ham!”
(Matt. 17, 4 – 8)

” Jesus sier til ham: Jeg er veien og sannheten og livet; Ingen kommer til Faderen uten ved meg.”
(John. 14, 6)

**Vi har virkeligheten, men vi må frem til
virkeligheten, vi må bli virkeligheten,
Hvis den virkelig skal bli virkelig for oss og
igjennom oss, til den verden som er rundt oss.**

" Men vedkommende avguds ofrene, da vet vi at
vi alle har kunnskap. Kunnskapen oppblåser,
men kjærligheten oppbygger;" (1 Kor. 8, 1)

Men somme er blitt oppblåst i den tanke at jeg
ikke skille komme til dere;

Men jeg kommer snart til dere, om Herren vil,
og får da lære å kjenne ikke ordene, men kraften
hos dem som er oppblåst;" (1 Kor. 4, 18 – 20)

**Frykten for andre dreper livet i deg
Ubibelske varianter faller igjennom, men de
gjør skade på sin vei.**
Frykt fra hva andre må mene om oss, hvis vi
ikke følger de oppsatte prosedyrer, Det er her
frykten kommer snikende..
Skal vi følge Kristus, må vi ta det på alvor, hvis
vi ikke gjør det, bør vi trekke oss tilbake. Vi vil
bare bli et hinder for Guds rikes fremme. Det
som er mest vanlig å gjøre, når man lever under

fryktens svøpe, er å finne ting å gjøre, som er" ufarlig", slik at man kan rettferdiggjøre sin" ufarlige" Kristendom.

Dette gjør at mange forskjellige teknikker kommer i bruk for å få frem Guds kraft. Dette gjøres da for å slippe å være djerv og frimodig i troen på evangeliets seier. Kristne ønsker ikke å ta opp den kampen som de må legge ned sitt eget selviske liv for å seire i. Det er eneste muligheten for å lære å kjenne guddommen og da igjen kunne fungere i det åndelige i den Hellige Ånd.

De Kristne er lett lurte

Når man begynner med disse ubibelske teknikker skjer dette. Demonene kommer, de utgjør seg for å være den Hellige Ånd, men er det ikke. Det er Kundalini ånden som kommer, det er fra språket sanskrit. Et gammelt indisk språk. Dette betyr da slangen som kveiler seg sammen. Så vi ser her Satans herredømme kommer for å ta kontroll. Dette er veldig lett for han å gjøre blant de Kristne. Store deler av den Kristne verden er ute etter åndelige opplevelser, men er ikke vill til å betale prisen for den.

Skal vi oppleve den Hellige Ånds kraft i våre liv, må prisen for Guds kraft betales med våre personlige liv.

" Så jeg kan få kjenne Ham og kraften av hans oppstandelse og samfunnet med hans lidelser, idet jeg blir gjort like med Ham i hans død,

La oss da så mange som er fullkomne, ha dette sinn, og om dere er annerledes sinnet i noe, da skal Gud også åpenbare dere dette;

Bare at vi så langt vi er kommet, holder fram i samme spor!" (Fil. 3, 10 og 15 – 16)

Er vi villige til å satse, er alle muligheter åpne for oss med Gud.

Ingen salvelse og åpenbaring

" Og det er han som ga oss noen til Apostler, noen til profeter, noen til evangelister, noen til hyrder og lærer,
For at de hellige (de gjenfødte overgitte) kunne bli fullkommengjort til tjenestegjerning, til Kristi legemes oppbyggelse,

Inntil vi alle når frem til enhet i tro på Guds sønn og kjennskap (ikke kunnskap) til Ham, til manns modenhet, til aldersmålet for Kristi fylde,

For at vi ikke lenger skal være umyndige og la oss kaste og drive om av ethvert lærdoms vær ved menneskers spill, ved kløkt i villfarelsens kunster,

Men at vi i sannheten tro i kjærlighet, i alle måter skal vokse opp til Ham som er hodet, Kristus." (Ef. 4, 11 – 15)

Kjærlighetens høyeste punkt er der åpen-baringen kommer
La os se videre hva Efeser brevet sier.

"at Kristus må bo ved troen deres hjerter,

Så dere, rotfestet og grunnfestet i kjærlighet, må være i stand til å fatte med alle de hellige hva bredde og lengde og dybde og høyde der er,

Og kjenne Kristi kjærlighet, som overgår all kunnskap, for at dere kan fylles til all Guds fylde.

Men han som kan gjøre mer enn alt, langt ut over det som vi ber eller forstår, etter den kraft som gjør seg virksom i oss." (Ef. 3, 17 – 20)

Dybden i dybden, Åndens virkelighet
Her ser vi det nevnes fire måle enheter for å måle dybde. I den fysiske virkelighet trenger vi bare tre måle enheter for å måle dybden. Vi ser at det her er snakk om en dybde i dybden. I den dybden som er i dybden, ser vi det er den Guddommelige kjærligheten alene, som kan lede oss inn i.

Den guddommelige kjærligheten
Den guddommelige kjærligheten, er å få i Åndens frukter. Det skjer ikke uten at kjødets gjerninger avlegges. Dette leser vi om i det 5 kapitlet i Galater brevet. Så igjen ser vi at det er en pris å betale for å komme inn i Guds virkelige verden av Åndens kraft.

" Og om jeg eier profetisk gave og kjenner alle hemmeligheter og all kunnskap, og om jeg har all tro, så jeg kan flytte fjell, men ikke har kjærlighet, da er jeg ingenting." (1 Kor. 13, 2)

" men dersom vi vandrer i lyset, likesom han er i
lyset, da har vi samfunn med hverandre og Jesu,
hans sønns blod renser oss fra all synd

Dersom vi sier at vi ikke har synd, da dårer vi
oss selv, og sannheten er ikke i oss;"
(1 John. 4, 7 – 8)

" Mange skal si til meg på den dag. Herre, Herre,
har vi ikke talt profetisk ved ditt navn, og ut-
drevet onde ånder ved ditt navn, og gjort mange
kraftige gjerninger ved ditt navn?

Og da skal jeg vitne for dem: Jeg aldri kjent
dere, vik bort fra meg, dere som gjorde
urett!" (Matt. 7, 22 - 23)

Den guddommelige kjærligheten, åpenbar-
ings dørens åpner

Når ditt liv har kommet inn i den guddommelige
kjærligheten, åpner åpenbaringens dør for deg.
Her skritter du inn i den Hellige Ånds verden.
Den verden hvor alt er mulig og åpenbaringer
kan bli en realitet for deg.

Den guddommelige kjærligheten, er trappetrinnet før den Hellige Ånds åpenbarings kunnskap kan bli en virkelighet for deg.

Troens prinsipper er veiledet av den Hellige Ånd i åndens verden

Når du har kommet til dette punktet, har du også gått den veien med Gud, som har lært deg kjenne troens prinsipper.

Hvis ikke, hadde du ikke kommet til dette punktet. Disse troens prinsipper er de som vil åpne dørene for deg inn i den Hellige Ånds verden i ånden.

22

Den nye type vinnere

” Vinden blåser dit den vil, og du hører den suser, men du vet ikke hvor den kommer fra, og hvor den farer hen.” (John. 3, 8)

” Likeså lite som du vet hva vei vinden farer, eller hvordan benene dannes i den fruktsommelige kvinnes liv, like lite vet du hva Gud vil gjøre, han som gjør det alt sammen.” (Ecclesiastes 11, 5)

Skaper virkelighetens hemmelighet og mysterium.

Vi ser Guds store mysterier i disse to versene fra Bibelen. På den tiden fantes det ikke noe medisinsk forståelse, som vi har i dag. Vi har kommet mye lengre idet og kjenne menneskets kropp.

Men når det kommer til skapelse, har menneskeheten klart å se inn i stamcellers arbeid. Men hvordan stamceller klarer å produsere og skape de forskjellige celler er et mysterium som mennesket aldri kommer til å forstå. Dette er Gud Jehovas skaper virkeligheters hemmelighet.

Lover må adlydes for å unngå katastrofer

Dette forstår vi ikke, men må akseptere det. Alle mennesker må adlyde det, leve i pakt med det som er oss gitt i verden, for å høste fruktene av det. Dette gjelder også alle ikke gjenfødte mennesker. De fysiske lover må adlydes, hvis ikke skaper vi katastrofe i det fysiske.

I det åndelige må de åndelige lover adlydes, hvis ikke blir det også dere katastrofe. Der er allerede en stor katastrofe, Kristus har gitt sitt liv for menneskeheten, men ennå er det milliarder som ikke har hørt de gode nyhetene, og av de som har hørt det, har mange sagt nei til tilbudet fra Kristus.

" Han som fører … vind ut av sine forrådshus, skattkammer." (Salme 135, 7)

" For så mange som drives av Guds Ånd, er Guds barn." (Rom. 8, 14)

Født til å drives av åpenbaringens Ånd

Som gjenfødte mennesker er vi født på ny til å leve i åpenbaringskunnskapen, igjennom det skrevne Guds Ord, Bibelen. Vi er født på ny til å drives av åpenbaringens Ånd, den Hellige Ånd.

Den som har øre, han høre hva Ånden sier til de utvalgte, de som samles på torgene, menigheten, den som seirer. (Ecclesia, Gresk)" (Åp. 2, 7)

Vil du tilhøre de utvalgte (Ecclesia, gresk) de som seirer? Vil du være en av den nye typen vinnere? De som lever i åpenbaringens kunnskap.
Sier du ja til dette, å bli drevet av Guds Ånd, må du lytte til Ånden og adlyde.

Vandre i Åndens åpenbaring

" Men jeg sier: Vandre i Ånden, så skal dere ikke fullbyrde kjødets begjæringer (sansenes lyst).

For kjødet (sansene) begjærer, lyster imot Ånden, og Ånden imot kjødet (kjødets lyster igjennom sansene), de står hverandre imot, så dere ikke skal gjøre det dere vil.

Dersom vi lever i Ånden, da la oss vandre i Ånden." (Gal. 5, 16 – 17 og 25)

Litt etter litt, når du kommer inn i åpenbaringskunnskapens verden, blir din verden forvandlet. Vi lever på jorden, det er planeten vi lever på. Dette er ikke verden. Verden er åndelig. Spørsmålet er hvilken verden vil du være tjener av. Skal du være tjener av Satans verden eller av Gud Jehovas verden. Du vil være med å bygge ut den av disse to verdener du velger.
I Satans verden blir du automatisk akseptert og er en bygger, enten du vil eller ikke.
I Gud Jehovas verden, den Hellige Ånds verden, er inngangen igjennom Jesus Kristus. Her må Kristus bli din Herre og Guds Ord, Bibelen må adlydes. Gjør du det vil du bli en med bygger av Gud Jehovas verden igjennom Hans sønn Jesus Kristus.
Med Gud Jehova vil du kunne utvikle deg Åndelig igjennom Guds åpenbaring til deg.
I Satans verden kommer alt av seg selv til deg. Forbannelse er gratis, Velsignelse koster.

Kjødets gjerninger, arver ikke Guds rike
Paulus sier i sitt brev til Galaterne:

” Men kjødets gjerninger (sansenes) er klare, de er som følger: Utukt, skamløshet,

avgudsdyrkelse, trolldom, fiendskap, kiv, avind (misunnelse), vrede, stridigheter, tvedrakt, partier, misunnelse, mord, drikk, svir og annet slik, om dette sier jeg dere som tidligere, at de som gjør slikt, skal ikke arve Guds rike.

Åndens frukter, arver Guds rike.

Men Åndens frukt er kjærlighet, glede, fred, langmodighet, mildhet, godhet, trofasthet, saktmodighet og avholdenhet;

Mot slike er loven ikke.” (Gal. 5, 19 – 23)

Hva gjør du med saken?
Du ser det klart her, mulighetene er to. Vil du leve styrt av Satan eller vil du leve som en gjenfødt som lever i Guds åpenbaringens kunnskap. Vil du leve et liv i herlighet og seier her og her etter.

” I begynnelsen var Ordet, Ordet var hos Gud og Ordet var Gud.” (John. 1, 1)

" Og Ordet ble kjød og tok bolig iblant oss, og vi så hans herlighet – en herlighet som den enbårne sønn har fra sin far, full av nåde og sannhet." (John. 1, 14)

Adlyd åpenbaringens sæd, som er så såkornet
Her ser vi kjærlighetens vind, åpenbaringens vind, begynner å flyte. Det er den som får livet til å gro. Så kornet, det skrevne Guds Ord, adlyd Ordet. Dette er åpenbaringens sæd, som vil bringe åpenbaringen til deg, når du lever i lydighet til Ordet.

" Jesus sa: Det er Ånden som gjør levende, kjødet (sansene) hjelper ingenting, de ord som jeg har talt til dere **er** Ånd og de **er** liv."
(John. 6, 63)

" Jesus sa: For jeg er kommet ned fra himmelen, ikke for å gjøre min vilje, men for å gjøre hans vilje som har sendt meg." (John. 6, 38)

Bli avhengig av Bibel boka. Guds Ånds boka, åpenbarings boka, boka som gjør deg annerledes.

Boka som har elementer i seg, som blir levende gjort ved den Hellige Ånds åpenbarelse.

" Min sønn, akt på mine ord, bøy ditt øre til min tale. La dem ikke vike fra dine øyne, bevar dem dypt i ditt hjerte! (ånd).

For de er liv for hver den som finner dem, og legedom, karakter byggende, for hele hans legeme.

Bevar ditt hjerte fremfor alt det som bevares; For livet utgår fra det." (Ecclesiastes 4, 20 - 23)

" Uten åpenbaring farer folket vill, forgår folket, men lykkelig er den som holder loven, Guds Ord." (Ordspr. 29, 18)

" Peter sa: Sølv eller gull har jeg ikke, men det jeg har, det gir jeg deg" (Apg. 3, 6)

Peter hadde grepet noe av åpenbaringskunnskapen og han gikk med den. Han var blitt en del av Guds åpenbaringskunnskaps virkelighet. Det var blitt det sentrale i hans liv. Han var blitt en ny type vinner med Gud. En

som vandret og levde i Guds åpenbar-
ingskunnskap. Han var blitt Guds type av de
gjenfødte. Det kan du også bli.

Et liv i åpenbaring er for deg.

Syner og åpenbaring

" Og deretter skal det skje at jeg vil utgyte min Ånd over alt kjød, og deres sønner og deres døtre skal tale profetiske ord; **Deres oldinger skal ha drømmer, deres unge menn skal se syne."** (Joel 3, 1)

Jeg ønsker å nevne litt om drømmer og syner. Dette har ingenting med åpenbarings kunnskap, som er Guds visdom, som jeg har skrevet om her i boken å gjøre.

Syner og åpenbaringer

Jeg vil bare nevne litt om syner og åpenbaringer, Det er visuelle syner du registrerer med ditt sanse apparat. Drømmer er det Gud sender deg i ditt tankeliv når du sover, som kan ses som en indre film med lyd.

Drømmer

Når det gjelder drømmer, er det ikke så mye jeg kan si. Det jeg har opplevde i drømmer har vært å bli gitt melodier og lyrikk. Når jeg da har stått opp på morgenen, har jeg kunnet skrive ned teksten og musikken. Dette er selvfølgelig fra Gud.

Syner

Men det jeg her vil skrive om går under det som jeg tror vil være syner. Det vil si at man ser ting og hører ting med sine fysiske sanser, som er av overnaturlig karakter.

Mørkets makters åpenbarelse på sør/vest landet

Det første jeg opplevde av slik karakter, var da jeg gikk på Bibel og misjonskolen på Troens bevis i Sarons dal.

Jeg bodde i rektor boligen ved siden av skole bygget. I en av vinter månedene opplevde jeg tre kvelder på rad, når jeg gikk fra skole bygget på kvelden, og opp til hybelen i rektor boligen, at noe hadde meg under oppsikt. Den fjerde kvelden var det også der, da jeg kom inn på hybelen den fjerde kvelden og skulle legge meg skjedde det.

Jeg satt på sengekanten, plutselig sto noe som lignet på et menneske borte ved døren. Det var på størrelse med en gjennomsnitts mann. Vedkommende hadde langt tykt mellombrunt hår over hele kroppen.

Jeg så ikke ansiktet, det lå i skygge. Vedkommende sto helt stille og stirret på meg. Jeg ba det forsvinne i Jesu navn, men ingenting skjedde. Etter det hadde stått der en god stund, bare forsvant det.

Synet som var som en kino lerret over hele veggen.

Da jeg la meg bakover i sengen og hodet traff puten kom synet. Det var som en stor kino lerret på hele den ene veggen. Dette synet varte i over en time. Dette handlet om de siste tider, men allikevel i femti tallets stil. Jeg har aldri forstått det, men har visst at det hadde med de siste tider å gjøre. Det er først nå jeg opplever at Gud vil åpne dette synets segl for meg litt av gangen. Mesteparten av dette er til de Kristne. Jeg kan ikke si noe mer om dette nå. Men jeg vil fortelle om det etter som det åpenbarer seg mer for meg.

Flammer opp etter veggen

Da jeg hadde vært frelst i 3 måneder, var jeg en kveld sammen med unge brennende Kristne og ba før vi skulle gå ut og vitne og be for syke på gaten. Det var ingen som hadde gått ut og bedt for syke på gaten før. Men jeg hadde tro for å be for syke over alt.

Mens vi ba denne tidlige kvelden, skjedde noe underlig. Hele den ene veggen i stuen sto i flammer. Alle som var i stuen så det og undret seg. Det var ingen varme og ingenting ble brent opp. Men flammen brant sterkt oppover hele veggen. Noen av de unge ble sinte og syntes det var dumt, men flere av oss bevarte det i vårt hjerte. Vi forsto at Gud ville at Åndens ild skulle brenne i våre liv til menneskers omvendelse til Kristus.

De første engel åpenbaringer, Øst-Afrika

Min første tur til Afrika hadde jeg da jeg var 23 år gammel. Det var oppstarten på min tjeneste i verdensevangeliseringen, med helbredelse av de syke, utdrivelse av de onde ånder, omvendelse og frelsens budskap til de unådde.

Da de nasjonale pastorene oppdaget at syke ble helbredet og demoner kom ut i møtene jeg deltok i, begynte ryktene og gå. Jeg ble forspurt om å komme til flere forskjellige steder å ha møter i Øst-Afrika. På ett av møtene hvor det var en fire hundre mennesker til stede og mange pastorer satt på plattformen og jeg skulle tale. Da jeg var ferdig med talen, kom det for meg at jeg skulle nevne Lasarus som Jesus kalte ut av graven. Da jeg kom til det stedet hvor Jesus sa: Lasarus kom ut og jeg sa det med sterk stemme. Da dalte engler ned på hver sin side av meg der jeg sto. Hele forsamlingen hadde stått i hele møtet, for det var ingen stoler. Pastorene satt på stoler. Da englene sto ved siden av meg begynte alle pastorene og skrike. Det skrek og de skrek, jeg sto med hendene ut imot folket.

Englene begynte å bevege seg imot folket, etter som de traff menneskene falt de i bakken. Slik gikk englene igjennom hele salen og alle lå på bakken. Demonene kom ut av de som var plaget og mennesker ble helbredet. Nå begynte ryktene å gå enda sterkere.

Pastorene var veldig ivrige etter å vite hva slags tjeneste jeg hadde. Jeg svarte dem på det spørsmålet og sa: Det vet jeg ikke, men en ting vet jeg, det er at jeg er en Jesu Kristi disippel.

Jesus ga disiplene makt over urene ånder, til å drive dem ut, og til å helbrede all sykdom og all skrøpelighet. Videre sa Jesus sa jeg til pastorene, at disiplene skulle gå av sted, å forkynne at himlenes rike var kommet nær! Helbrede syke, oppvekke døde, rense spedalske, drive ut onde ånder! For ingenting har vi fått det, for ingenting skal vi gi det. Matteus 10, 1, 7 – 8)
Som en Jesu disippel gjør jeg dette sa jeg. Dette er min rettighet i Kristus. Da ble det veldig stille.

Engel åpenbaringer i Østre del av Norge
Nå hadde jeg møter i en stor menighet. Lokalet var helt fullt. I slutten av møtet da jeg skulle be for de syke skjedde det. Langs hele den ene veggen sto engler oppstilt ved siden av hverandre. Det var mange av dem. De sto der hele tiden mens jeg ba for syke, plutselig forsvant de.
Jeg har aldri vært opptatt av det overnaturlige skulle skje fysisk rundt meg. Jeg en meget nøktern man, men det har skjedd, uten at jeg har noe med det å gjøre. Englene så ut som store veltrente soldater. De var alle høye, slanke, med brede skuldre og kraftige brystkasser. De hadde alle langt lyst hår som hang rett ned på skuldrene. De var finskårne i ansiktet, med blå øyne.

De hadde på seg blek gule som gikk over mot hvitt kledninger som hang ned til anklene. Det var tungt stoff som hang pent ned. De var alle helt ubevegelige i ansiktet, de sto bare stille og fulgte med.

Engel åpenbaringer på Vestkysten av Norge

Teltmøter på vestlandet, det var mye mennesker hver kveld. Mennesker ble frelst, helbredet og satt fri. På et av møtene skjedde det igjen. Denne gangen telte jeg englene. De var femten stykker. De så akkurat ut som de andre jeg fortalte om, de så ut som veltrente soldater.

Engel åpenbaring i Moskva

Jeg og en venn ankom Moskva med to store kofferter fulle av Bibler og Ny Testamenter. Dette var under Bresjnevs og KGB storhets tid i Sovjet unionen. Koffertene ble åpnet i tollen, men tollerne bare strøk hånden over Biblene og sa: Det er alt greit.

På vår første tur ut i Moskva med mange bibler i lommer og veske, gikk om bord på en buss, videre tok vi undergrunnsbane. Vi fulgte bare Guds indre stemme. Da vi gikk av undergrunns-

banen, var den helt tom for mennesker, bortsett
fra to kvinner. Jeg gikk bort til kvinnene.
Jeg kunne ikke et ord Rusisk, så jeg sa: Ecclesia,
Biblia, russisk. Kvinnen bare vinket til oss, vi
forsto de ville vi skulle følge etter dem.
Vi gikk lenge etter dem igjennom Moskva.
Tilslutt sto vi foran en lovlig menighet, det var
da en menighet som jobbet sammen med myn-
dighetene. Kvinnene smilte igjen og forsvant.
Jeg så ikke de gikk. Engler i men-
neskeskikkelser, ja, jeg tror det var det.

Synet på altanen midt på natten, Øst-Afrika

I Morogorro skulle jeg ha undervisnings seminar
og korstog. Da vi hadde kommet trygt til byen
og funnet overnattingsstedet. Gikk vi til sengs
for kvelden. Klokken to på natten gikk jeg og en
av de som var med i teamet, ut på altanen for å
få litt frisk luft. Det var veldig varmt. Mens vi
sto å så ut på omgivelsene fra altanen i annen
etasje, skjedde det. Jeg fikk et syn med øynene
oppe. Gud viste meg hva som skulle skje i
møtene, han viste meg de som ville ta meg, han
viste meg hvor de bodde, hvem de var og hvor
mange de var. Jeg fikk full oversikt over det som
skulle skje. Dette gjorde meg vel forberedt til

møtene. Da jeg kom og fortalte dette synet til tusener på møtet, gjenkjente alle det jeg fortalte. Dette skapte store forandringer i byen. Dette kan dere lese mer om i bøkene mine.

Engel åpenbaringer og Jesu åpenbarelse i Romania

På en av kveldsmøtene i Sala Polivalenta, Romanias største innendørs idrettshall. Den ligger i Bukarest. Jeg skulle ha en uke med møter. Det var fulle hus fra dag en, mange tusen var til stede. I et av møtene skjedde noe spesielt. Da jeg var ferdig med talen og skulle be for syke og kaste ut onde ånder, skjedde det. Jeg så ingenting v det som skjedde, men alle tusener tilstede-værende så det.

Da jeg løftet mine hender ut mot publikum, landet engler ned på hver side av meg. Da jeg skulle be landet en ny skikkelse ned bak meg og la hendene på mine skuldre. Det var Jesus. Demon-er kom ut over hele den store idretts arenaen. Dette så jeg, det kom sorte røykskyer ut av men-nesker og de var fri demonene.

Utdrivelse av onde ånder

Det er noe jeg har bedrevet i hele mitt kristne liv verden over. Drømmer og syner, har ingenting med dette å gjøre. Det at demonene manifesterer seg på mange forskjellige slags måter, er bare de fysiske utslagene en av de åndelige virkelighetens hendelse.

Fokuset

Ditt fokus må alltid være Jesus Kristus, de andre tingene som eventuelt skjer, er bare nødvendigheter som skjer i det åndelige arbeidet. Ditt fokus skal kun være på Jesus Kristus og hans befaling om å få hans forsoningens budskap ut til hedningene med tegn, under og mirakler.

2 4

Refleksjon

Jeg vil du skal bruke boken som et arbeidsred-
skap for å bygge opp åpenbaringens muligheter i
ditt liv.
Praktiske åpenbaringer er de som gjør deg sterk-
est og tar deg lengst i oppgavene. Det er den
type åpenbaringer jeg ville ønske du kom sterkt
inn i. Det vil du gjøre, hvis du tar Guds ord for
det det er, tror det og gjør det i praktiske han-
dlinger. Du må gripe og tro Jesu forsonings
løfter og gjøre de som Bibelen forklarer.

Hev deg over frykten.
Når frykten vil angripe, løfter du deg over fryk-
ten. Seieren er vår i Jesu navn. Det er en tøff vei
å gå for å komme inn i denne type sterke fysiske,
sanselige og samtidig åndelige åpenbaringer. For
å få mer grep om dette, les min bok
" En kriger for Kristus".

La denne boken ta deg inn på nye områder av åndelighet i den Hellige Ånd.

Bli en troens kjempe

Det kan du bli, men da må du komme inn og leve i åpenbaringskunnskapen. Du vil ikke forstå hva det er, før du er der, men du kan komme ditt. Vi er alle skrøpelige kar i oss selv, men Gud vil og kan bruke disse skrøpelige karene, hvis de vil bli brukt av ham.

Den tiden vi nå lever i må ha denne type Kristne, så jobben for Herren kan bli ferdig gjort.

I Guds jobb nr.1 -
Verdensevangelisering

Tom Arild Fjeld har reist over hele verden og forkynt evangeliet siden ungdommen. De siste årene har han skrevet mange bøker, som nå kommer ut i tur og orden.
Aktuelle bøker for den tiden vi lever i.
Følg med på sosiale medier, kristne TV-stasjoner og aviser hvor han har møter og undervisning.
Vær med og støtt tjenesten regelmessig økonomisk, eller bli en praktisk partner i den.
Eller www.tomarildfjeld@gmail.com

Kontonummer: 0532.37.94229

Tidligere utgitte bøker
av Tom Arild Fjeld

Hvordan motta frelsens mirakel norsk,
den er også utgitt på Bulgarsk, Rumensk, Gas-
sisk og engelsk
Hvordan motta helbredelsens mirakel
På Barrikaden
Mer enn en overvinner
Virkelig fri

Bøker nylig utgitt av Tom Arild Fjeld
Kraften vinner krigen
Dressa opp for seier
En kriger for Kristus

Få lausbikkja ut
Den skjulte verden
Slagkraft i åndens verden

231

Seier over Satan
Han ga sitt liv – ingen kunne ta det (norsk, en-
gelsk)
De guddommelige virkeligheter
Gå ut i all verden
Bli født på ny (på rumensk)
1 Daglig gjennombrudd (3 mnd.)
2 Daglig gjennombrudd (3 mnd.)
3 Daglig gjennombrudd (3 mnd.)
4 Daglig gjennombrud (3 mnd.)